Dieter Wunderlich

Grammatisches Grundwissen

Cornelsen

1. Auflage – 2. Druck 1993
Alle Drucke dieser Auflage können, weil untereinander unverändert,
im Unterricht nebeneinander verwendet werden.
© 1988 Cornelsen Verlag, Berlin
Das Werk und seine Teile sind urheberrechtlich geschützt.
Jede Verwertung in anderen als den gesetzlich zugelassenen Fällen
bedarf deshalb der vorherigen schriftlichen Einwilligung des Verlages.
Satz: TYPODATA Gesellschaft zur typographischen Aufbereitung
von Computerdaten mbH, Hannover
Druck: Fürst & Sohn, Berlin
ISBN 3-454-19076-2
Bestellnummer 190 762

Liebe Schülerinnen,
liebe Schüler,

dieses Grammatikheft ist für das Nachlesen und Nachschlagen gedacht. Hier sind alle wichtigen Begriffe für die Sprachbetrachtung, besonders die grammatischen Begriffe, systematisch zusammengestellt und erklärt. Jeder Begriff wird durch anschauliche Beispiele erläutert.

Das Register am Schluß des Heftes enthält die Seitenangaben für die Begriffe, die ihr nachschlagen wollt. Begriffe, die euch nicht ganz klar sind, werden durch häufiges Verwenden und Nachschlagen allmählich vertraut, am Ende selbstverständlich. Auswendiglernen der Erklärungen führt nicht zum Ziel.

Diese Schüler-Grammatik dient zur Vertiefung der Zusammenhänge in der Sprachbetrachtung. Ihr könnt einzelne Abschnitte heranziehen, wenn ein Begriff im Unterricht neu eingeführt wurde und ihr euch über seinen Stellenwert im Gesamtgebäude der Grammatik klarwerden wollt.

Ihr könnt dieses Grammatikheft über mehrere Schuljahre hinweg gebrauchen. Es umfaßt alle wichtigen Gebiete der deutschen Grammatik, mit denen ihr bis zum Schulabschluß zu tun haben werdet.

Kapitel mit einem (*) enthalten Begriffe, die euch vor allem ab Jahrgang 7 begegnen werden.

Inhalt

1. Die Satzarten 7

2. Zeichen – Kommunikation – Situation (*) 11
   A. Das Zeichen 11
   B. Kommunikation 14
   C. Gespräch – Text 15
   D. Redewiedergabe 17
   E. Kommunikationsmuster 19

3. Die Wortarten: Übersicht 20

4. Das Verb 24
   A. Die Flexionsformen des Verbs 26
   B. Die Hilfsverben 31
   C. Die Modalverben 32
   D. Die Kopulaverben 33

5. Die Wörter der Nominalgruppe 34

5.1. Das Nomen 34

5.2. Die anderen Wörter der Nominalgruppe 39
   A. Der Artikel 39
   B. Das Zahlwort 41
   C. Einige Arten von Pronomen 42

6. Die anderen Wortarten 44

6.1. Das Adjektiv 44

6.2. Das Adverb 48

6.3. Die Präposition 49

7. Der Wortschatz (*) 51
   A. Wortzusammensetzung – Wortableitung 51
   B. Wortfamilie – Wortfeld 53
   C. Fremdwörter – Lehnwörter 55
   D. Gleiche und verschiedene Wortbedeutungen 56
   E. Redewendungen – Redefiguren 58

(*) = v. a. ab Klasse 7

8.	Die Satzteile	60
8.1.	Subjekt und Prädikat	60
8.2.	Satzteile – Satzglieder	62
8.3.	Einfacher Satz – komplexer Satz	65
9.	Weitere Formen des Verbs (*)	67
9.1.	Aktiv – Passiv	67
9.2.	Indikativ – Konjunktiv	71
10.	Attribute und Nominalisierungen (*)	76
10.1.	Attribute	76
10.2.	Nominalisierungen	80
11.	Gliedsätze und satzwertige Glieder (*)	83
	A. Subjekt- und Objektsätze	84
	B. Indirekte Fragesätze	86
	C. Adverbialsätze	87
	D. Vergleichssätze	92
	E. Weiterführende Relativsätze	93
12.	Satz- und Textverknüpfung (*)	94
	A. Stellung der Satzglieder	94
	B. Sätze verknüpfen: Konjunktionen	97
	C. Im Text verweisen: Pronomen und andere Wörter	100
	D. Ellipsen	104

Anhang:
Wie gehen wir vor, wenn wir Texte/Sätze
grammatisch untersuchen?
(Flußdiagramm und Beispiel) 105

Register 109

1. Die Satzarten

Wir unterscheiden drei wichtige Satzarten:

Aussagesatz
Fragesatz
Aufforderungssatz

Die Namen drücken aus, daß man mit diesen Sätzen vor allem

Aussagen machen
Fragen stellen
Aufforderungen geben

kann. (Beachtet aber, daß man dies manchmal auch mit anderen Sätzen tun kann.)

Beispiele für

Aussagen: *Das ist ganz einfach.*
Karin hat einen Igel gesehen.

Fragen: *Wer kann sich noch daran erinnern?*
Wo kann man das nachlesen?
Wußtet ihr das schon?
Habt ihr eine Lösung gefunden?

Aufforderungen: *Lies doch mal vor!*
Sprich ein bißchen lauter!

Die Fragesätze gliedern sich in zwei Gruppen:

a) Satzgliedfragen (Ergänzungsfragen, Wortfragen, W-Fragen). Sie haben am Anfang ein Fragewort:

<u>Wohin</u> wollen wir gehen?
<u>Wozu</u> braucht man das?
<u>Welches</u> Lied gefällt dir besser?

oder eine Präposition mit Fragewort:

<u>Mit wem</u> gehst du am liebsten schwimmen?
<u>An was</u> denkst du gerade?

b) Satzfragen. Entscheidungsfragen (Ja/Nein-Fragen) nennen nur eine Möglichkeit. Alternativfragen (*Oder*-Fragen, Wahlfragen) nennen zwei oder mehr Möglichkeiten und verbinden sie mit dem Wort *oder*.

Entscheidungsfragen:

Seid ihr alle fertig?
Sehen wir heute einen Film?

Alternativfragen:

Kommst du mit, oder bleibst du hier?
Gehst du zum Fußball oder lieber zum Schwimmen?
Wollen wir jetzt lieber Deutsch, Geschichte oder Erdkunde machen?

Merkmale zur Unterscheidung der Satzarten

1. Die Verbform
Im Aufforderungssatz steht das Verb in der Imperativform.
In den anderen Satzarten sind alle anderen finiten Verbformen möglich.

2. Die Verbstellung
Bei den Satzfragen und im Aufforderungssatz steht das finite Verb an 1. Stelle (= Spitzenstellung des Verbs).
Im Aussagesatz steht das finite Verb an 2. Stelle (= Zweitstellung des Verbs). Beachtet aber, daß dabei das finite Verb nicht unbedingt das 2. Wort im Satz ist; vor dem finiten Verb kann ein ganzes Satzglied stehen.
In den folgenden Sätzen steht das Verb *hört* an 2. Stelle:

Tanja	<u>*hört*</u> *gerne Schlager.*
Der junge Mann von nebenan	<u>*hört*</u> *gerne Schlager.*
Auch mein Onkel, der in Köln wohnt,	<u>*hört*</u> *gerne Schlager.*

Auch in Satzgliedfragen steht das finite Verb an 2. Stelle, zu Anfang steht ein Fragewort.

Beachtet: Im abhängigen Satz (Nebensatz, Gliedsatz) steht das finite Verb am Schluß:

... als sie kam	*... weil er träumte*
... die ihn weckte	*... daß er schlief*

Da es sich um Sätze handelt, die selbständig nicht vorkommen, kann man mit ihnen allein weder Aussagen machen noch Fragen stellen noch Aufforderungen geben.

3. Das Subjekt
Im Aufforderungssatz kommt meistens kein Subjekt vor. In den anderen Satzarten kommt ein Subjekt vor.
Der Aufforderungssatz braucht kein Subjekt, weil nur der Angesprochene gemeint sein kann. Man kann manchmal ein (besonders betontes) Subjekt hinzufügen: das ist dann immer ein Pronomen der zweiten Person. Daraus erkennt Ihr, daß wirklich der Angesprochene das Subjekt ist.

> *Sandra, sag <u>du</u> doch mal was dazu!*

In der höflichen Aufforderung (beim Siezen) wird immer das Wort *Sie* als Subjekt verwendet.

> *Schauen Sie sich mal um!*

4. Die Intonation (Tonverlauf, Satzmelodie)

In der gesprochenen Sprache zeigen wir die Satzart durch den Verlauf der Tonhöhe, besonders am Satzende, und die Stärke der Betonung an.

Im Aussagesatz und meistens auch in Satzgliedfragen senken wir die Stimme am Satzende (Schlußton).

Auch im Aufforderungssatz senken wir die Stimme am Satzende, aber wir betonen stärker (wir sprechen mit mehr Nachdruck).

Bei Entscheidungsfragen heben wir die Stimme am Satzende (Frageton). Bei Alternativfragen können wir die Stimme am Satzende heben oder senken.

Um das Merkmal der Intonation zu prüfen, müßt ihr die Sätze laut sprechen.

5. Das Satzzeichen

In der geschriebenen Sprache zeigen wir die Satzart durch ein Zeichen am Satzende an.

Am Ende eines Aussagesatzes steht meistens ein Punkt.

Am Ende eines Fragesatzes schreiben wir ein Fragezeichen.

Am Ende eines Aufforderungssatzes steht oft, aber nicht immer, ein Ausrufezeichen.

Übersicht I

	Die Verbform ist	Das Verb steht in	Am Satzanfang steht ein
Aussagesatz	finit	Zweitstellung	beliebiges Satzglied
Satzgliedfrage	finit	Zweitstellung	Fragewort
Satzfrage	finit	Spitzenstellung	Verb
Aufforderungssatz	Imperativ	Spitzenstellung	Verb

Übersicht II

	Ein Subjekt kommt vor:	Die Intonation am Satzende:	Das Satzzeichen:
Aussagesatz	ja	Schlußton	.
Satzgliedfrage	ja	Schlußton	?
Satzfrage (Entscheidungsfrage)	ja	Frageton	?
Aufforderungssatz	nein	Schlußton + Betonung	!

Man kann manchmal auch mit Aussagesätzen und Fragesätzen auffordern, dabei ist dann der Angesprochene das Subjekt.

Peter, du kannst mal an die Tafel kommen.

Tanja, holst du mal den Schlüssel vom Hausmeister?

Wir können manchmal auch mit anderen Satzarten eine Frage stellen oder eine Überraschung äußern, indem wir am Schluß die Stimme anheben. Wir können etwas ausrufen oder ein starkes Gefühl ausdrücken, indem wir stark betonen. Beim Schreiben wird dann als Satzzeichen entweder das Fragezeichen oder das Ausrufezeichen benutzt.

Du bist schon da?

Klaus hat seinen Füller wiedergefunden?

Du hast vergessen, den Hund zu füttern?

Es ist ja so heiß hier!

Ich komme sofort!

Das ist ja wirklich irre!

Wie du schon wieder lachst!

Was für eine tolle Mütze der aufhat!

Hat sie doch tatsächlich den Hund mit in die Schule gebracht!

Lest die Sätze laut. Ihr werdet dann schnell merken, ob die Intonation stimmt.

2. Zeichen – Kommunikation – Situation (*)

A. Das Zeichen

Ein Zeichen ist etwas Wahrnehmbares (Sichtbares, Hörbares), das für etwas anderes steht oder auf etwas anderes hinweist.

Manches in der Natur kann als **natürliches Zeichen** gedeutet werden, als **Vorzeichen** oder **Anzeichen**:

> Die Vögel fliegen tief
> → das weist darauf hin, daß ein Gewitter droht. (Vorzeichen)
> Die Blätter werden mitten im Sommer gelb
> → das weist darauf hin, daß der Baum von einer Krankheit befallen ist.
>   (Anzeichen)
> Jemand wird rot
> → das weist auf seine Verlegenheit hin. (Anzeichen)

Wenn Menschen miteinander leben und reden, nehmen sie auch vieles aneinander wahr, was noch nicht als Mitteilung bestimmt ist, aber doch Einstellungen oder Gefühle erkennen läßt: ein trauriges oder lächelndes Gesicht, einen Glanz im Auge, den Fall der Haare, die Haltung der Hände, eine aufrechte oder mehr gebückte Körperhaltung, ...

Menschen stellen Zeichen mit einer Absicht her: das Zeichen soll andere Menschen auf etwas hinweisen, das Zeichen ist zum Verstehen einer Mitteilung bestimmt. Man kann sich dabei natürlicher Dinge bedienen, die man ungewöhnlich anordnet.

> Zweige an einer Wegkreuzung
> → jemand wollte zeigen, daß er dort abgebogen ist.

Oder man stellt **künstliche Zeichen** her.
Zeichen können
– als Denkmal an etwas erinnern,
– auf einer Verpackung auf den Inhalt hinweisen,
– den Hersteller einer Ware bezeichnen,
– anzeigen, wofür man einen Gegenstand gebrauchen kann,
– als Wegzeichen eine Richtung angeben,
– als Verkehrszeichen Hinweise, Gebote/Verbote oder
   Warnungen für das Verhalten im Verkehr ausdrücken.

Das „Luftbrückendenkmal" in Berlin – Das Denkmal erinnert an die Luftbrücke 1948/49 (Versorgung Westberlins auf dem Luftwege).

 → Das Wäschestück, auf dem sich das Zeichen befindet, kann bei einer Temperatur von 30 °C gewaschen werden.

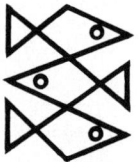 → Das Zeichen zeigt, daß das Buch im Fischer Taschenbuch Verlag gedruckt wurde.

 → Die Straße darf in der Richtung, von der aus man das Zeichen sehen kann, nicht befahren werden.

Einige Bildzeichen sind **Piktogramme**: Die gemeinte Sache wird so in ein Bild übersetzt, daß man auch ohne besondere Kenntnisse das Zeichen verstehen kann; z.B. Wegweiser, das Zeichen für Damen- oder Herren-Toilette.

Andere Zeichen sind **Symbole**: Die gemeinte Sache wird durch ein willkürlich festgesetztes oder verabredetes oder nur durch langen Gebrauch erklärtes Zeichen ersetzt, so daß man das Zeichen nur mit besonderen Kenntnissen verstehen kann; das ist die große Mehrheit der Zeichen.

 → Steht für ein Bügeleisen (man kann die Wäsche bügeln): ein Piktogramm

 → Steht für ein Gebot oder Verbot im Verkehr (rot: Verbot, blau: Gebot): ein Symbol

Es gibt auch Mischformen: z.B. ein Gebotszeichen mit einem Bild von Fußgänger und Kind (Piktogramm) oder ein Verbotszeichen mit einem durchkreuzten Hundebild.

Wenn Menschen miteinander leben und reden, gebrauchen sie auch viele nichtsprachliche Zeichen, um sich auf etwas hinzuweisen: die erhobene oder ausgestreckte Hand, viele Äußerungen mit dem Gesicht (Mimik) oder mit den Händen und Fingern (Gesten), auch Schreie, Flüstern, Stimmhöhe. Man spricht von **Körpersprache**, bei der absichtliche und natürliche Verhaltensweisen oft gemischt vorkommen.

Zeichen, die für eine **längere Dauer** bestimmt sind, enthalten Bilder, Grafiken oder Schrift. Andere Zeichen sind nur für einen **kurzen Moment** bestimmt:

Der Radfahrer hält den linken Arm zur Seite
→ er will nach links abbiegen.

Das Auto hupt
→ der Fahrer will auf sein Auto aufmerksam machen.

Der Zuhörer runzelt die Stirn
→ er will anzeigen, daß er skeptisch gegenüber dem Gesagten ist.

Jemand sagt „igittigitt"
→ er will anzeigen, daß er sich ekelt.

Schließlich gilt: **Die Wörter und Sätze einer Sprache sind Zeichen.** Sie dienen dazu, einem anderen Menschen etwas mitzuteilen. Grundlage ist die menschliche Fähigkeit, Laute hervorzubringen (und auch: mit der Hand Figuren zu zeichnen). In der langen Menschheitsgeschichte hat sich diese Fähigkeit dazu entwickelt, ganz gezielt Gedanken und Einstellungen ausdrücken zu können. Dafür haben die verschiedenen Menschengruppen und Völker eigene Sprachen, vielleicht mehr als 5000 verschiedene auf der Welt. Jedes Kind lernt die Sprache, die man in seiner Umgebung spricht: dabei erwirbt es das ganze System von Symbolen und Gebrauchsweisen dieser Sprache. Andere Sprachen sind zunächst fremd und müssen gesondert gelernt werden; ebenso die vielfältigen Sprachdifferenzierungen in einer entwickelten Kultur- und Industriegesellschaft. Einfache Beispiele für die Symbolfunktion der Sprache:

Das Wort *Kaninchen* oder engl. *rabbit* bezeichnet eine Tierart.
Das Wort *laufen* oder engl. *run* bezeichnet eine Tätigkeit zur Fortbewegung.
Der Satz *Wie weit ist es?* oder engl. *How far is it?* wird verwendet,
wenn jemand die Entfernung wissen will.

Man muß die Sprache oder jedenfalls die betreffenden Wörter/Sätze schon kennen, wenn man verstehen will, worauf sie hinweisen.

Lautzeichen: Die Wörter und Sätze werden gesprochen.
Schriftzeichen: Die Wörter und Sätze werden geschrieben.

B. Kommunikation

Kommunikation heißt soviel wie Verständigung: Mit einem Zeichen wird einem anderen Menschen etwas mitgeteilt. (lat. *communicare* = jemandem eine Mitteilung machen, sich besprechen)

Menschen kommunizieren miteinander, um ihre Absichten zu verwirklichen, um gemeinsam etwas zu unternehmen, sich kennenzulernen, voneinander zu lernen, ...

Zur **Kommunikationssituation** gehören:

1. Sprecher oder Urheber des Zeichens: er hat eine bestimmte Absicht;

2. der Hörer oder Adressat des Zeichens: an ihn richtet sich die Mitteilung;

3. die Mitteilung: Wörter und Sätze werden gesprochen, damit wird etwas ausgedrückt (z. B. eine Frage) über das, was man denkt oder sieht oder tun will (z. B. sich auf eine Bank setzen);

Sprecher   Hörer

4. der Ort, an dem das geschieht (z. B. im Park);

5. die Zeit, zu der das geschieht (z. B. nachmittags um 5 Uhr);

6. die anderen Umstände (z. B. beide stehen vor einer Bank, sie haben sich eben getroffen, sie haben sich lange nicht mehr gesehen).

Wenn diese sechs Elemente systematisch zusammengefaßt werden, nennt man dies auch **Kommunikationsmodell**.

Nicht in jeder Kommunikationssituation sind alle Elemente gleich wichtig. Deshalb kommt es darauf an, jene Elemente einer Kommunikationssituation zu erfassen, die für sie besonders bestimmend sind, die Probleme bereiten, die den Anlaß für die Kommunikation darstellen, auf die sich die Kommunikation besonders auswirkt.

Wir unterscheiden verschiedene **Kommunikationsbereiche**. Jede Kommunikation findet in einem Bereich statt, in dem man sich mehr oder weniger gut auskennt, in dem bestimmte Arten von Handlungen, Zwecken oder Absichten vorherrschen oder bestimmte Verhaltensregeln gelten. Daher ist auch das sprachliche Verhalten jeweils typisch: Man verhält sich entweder lässiger oder mehr kontrolliert, gebraucht ganz bestimmte Wendungen und Wörter, während andere kaum vorkommen, hält sich an bestimmte sprachliche Verfahrensregeln.

Solche Kommunikationsbereiche sind z. B. die privaten Freundschaften und Bekanntschaften, die Familie, die Freizeitgruppe, der Betrieb, die öffentlichen Institutionen wie Schule, Verwaltung, Gericht, Parlament.

C. Gespräch – Text

Im Gespräch wechseln ständig die Rollen von Sprecher und Hörer: eben sagte einer etwas, dann hört er wieder zu. Die Lautzeichen werden in Kehlkopf, Mund und Nase erzeugt, vom Schall übertragen und mit dem Ohr wahrgenommen; sie sind schnell vergänglich. Körperausdruck, Mimik und Gestik begleiten die Lautzeichen und werden mit dem Auge wahrgenommen; sie beeinflussen das Verständnis.

Das Gespräch besteht aus Redebeiträgen. Der jeweilige Sprecher äußert Sätze.

Er macht damit Feststellungen,
er stellt Fragen,
er gibt Aufforderungen, ...

Für Sprecher und Hörer gibt es eine gemeinsame Situation.

Ein Text wird von einem Autor (Verfasser) geschrieben. Der Text ist von längerer Dauer. Die Schriftzeichen werden mit der Hand oder maschinell auf Papier hergestellt; sie können verbreitet, d.h. vervielfältigt und an mehrere Leser verteilt werden; sie werden mit dem Auge wahrgenommen.

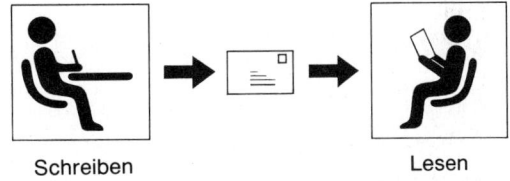

Es gibt zwei getrennte Situationen.

Der Autor möchte etwas mitteilen, z.B. eine Geschichte erzählen oder Informationen weitergeben. Er schreibt mit einer bestimmten Absicht. Er stellt sich den Leser vor und versucht, sich auf ihn einzustellen.

Der Leser möchte etwas erfahren, z.B. eine Geschichte kennenlernen oder Informationen erhalten. Er liest mit einer bestimmten Absicht. Er stellt sich den Autor vor und versucht, sich auf ihn und seinen Text einzustellen.

Der Text besteht aus Sätzen.

Der Autor macht damit Feststellungen,
er stellt Fragen,
er gibt Aufforderungen, ...

Feststellungen, Fragen, Aufforderungen können wir oft an der Form des Satzes erkennen, z.B. der Satzart: Aussage-, Frage- oder Aufforderungssatz.

Jede Äußerung im Gespräch oder Text hat eine **kommunikative Funktion**: der Sprecher oder Autor verfolgt einen bestimmten Zweck oder eine Absicht. Dazu wählt er einen passenden Satz (oder mehrere Sätze), aber ebenso berücksichtigt er die jeweiligen Umstände in der Kommunikationssituation (den nichtsprachlichen und sprachlichen Kontext).

Kommunikative Funktionen sind z.B. diese:
- mit einer Feststellung will jemand etwas erklären,
- mit einer Frage will er eine Auskunft einholen,
- mit einer Aufforderung will er um eine Hilfeleistung bitten.

So kann man auch die Satzarten mit verschiedenen kommunikativen Funktionen verwenden:
Zum Beispiel
- den Aussagesatz, um eine Antwort zu provozieren,
- den Fragesatz, um zu befehlen,
- den Aufforderungssatz, um einen Ratschlag zu geben.

Beispiele:
Du hast bestimmt Hunger. (= Hast du Hunger?)
Das muß ja ein wahnsinnig interessantes Buch sein, das du da hast.
(= Was für ein Buch liest du da?)
Wann warst du das letzte Mal beim Friseur? (= Geh mal zum Friseur!)
Findest du den Lärm schön? (= Mach das Radio leiser!)
Kauf dir doch eine Grammatik!
Machen Sie Urlaub in Kenya!

Gespräche und Texte sind – je nach der Situation, nach dem Kommunikationsbereich und der Funktion – von besonderer Art. Sie haben sich als **Gesprächsarten** und **Textarten** (Textsorten) herausgebildet. Wir können sie unterscheiden und erlernen.

Gesprächsarten: Erzählung, Auskunft, Bericht, Beratung, Unterrichtsgespräch, Verhandlung, Debatte, …

Textarten: Brief, Protokoll, Referat, Nachricht, Kommentar, Buchbesprechung, Bewerbungsschreiben, Lebenslauf, …

D. Redewiedergabe

Im Gespräch und Text kann eine
andere Rede wiedergegeben werden:

↑ ursprünglicher Sprecher
↑ berichtender Sprecher

Direkte (wörtliche) **Redewiedergabe** – im Wortlaut mit Anführungszeichen:

> *Da fragte er: „Wollen wir uns nicht hinsetzen?"*

In der direkten Rede bleibt stets die Sicht, der Wortlaut des ursprünglichen Sprechers bewahrt.

Indirekte (berichtende) **Redewiedergabe** – es wird nur der Inhalt der Rede, des Gesagten wiedergegeben; dazu wird zusammengefaßt und der Wortlaut der Rede verändert. Es gibt oft mehrere Möglichkeiten:

> *Da fragte er, ob sie sich nicht hinsetzen sollten.*
> *Da meinte er, sie könnten sich hinsetzen.*
> *Da wollte er, daß sie sich hinsetzen.*

In der indirekten Rede wird stets aus der Sicht des berichtenden Sprechers wiedergegeben. Die indirekte Rede steht oft, aber nicht immer im **Konjunktiv**. Der Konjunktiv ist dann erforderlich, wenn die indirekte Rede nicht schon auf andere Weise erkennbar ist. Wenn die indirekte Rede aber durch ein Einleitungswort wie *daß* schon erkennbar ist, kann auch der Indikativ stehen.

> *Er sagte, er habe genügend Zeit.*
> *Er sagte, daß er genügend Zeit habe.*
> oder:
> *Er sagte, daß er genügend Zeit hat.*

Die Bezeichnungen für die Person und den Ort müssen oft geändert werden.

Thomas sagte: „Ich bin hier noch nie gewesen.“

Thomas sagte, er sei dort noch nie gewesen.

Ich und *hier* aus der Sicht des ursprünglichen Sprechers, nämlich Thomas, werden zu *er* und *dort* in der Sicht des berichtenden Sprechers.

Beim **inneren Monolog** können Gedanken ‚wörtlich‘, nämlich aus der Sicht einer der erwähnten Personen, wiedergegeben werden:

Wie kann ich ihn nur wieder loswerden? dachte Martin.

Bei der **erlebten Rede** werden Gedanken indirekt wiedergegeben, aber so, als seien sie ursprünglich ‚erlebt‘ – die erlebte Rede steht also zwischen direkter und indirekter Rede.

Martin war unschlüssig. Sollte er auf Kurts Vorschlag eingehen?

E. Kommunikationsmuster

Im Gespräch kommen Äußerungen oder Mitteilungen oft in einer bestimmten Abfolge vor:

Der eine grüßt – der andere grüßt.
Einer macht einen Vorschlag – die anderen nehmen dazu Stellung.
Einer stellt eine Frage – der andere gibt die Antwort darauf.
Einer erzählt ein Ferienerlebnis – die anderen fragen nach.
Einer erzählt einen Witz – die anderen erzählen auch einen Witz.
Einer macht eine Behauptung – der andere widerspricht – der erste versucht, seine Behauptung zu beweisen.

Die Gesprächspartner erwarten voneinander, daß sie solche Abfolgen einhalten. Man kann rasch das Ziel des Gesprächs erreichen; es kommen auch weniger Mißverständnisse vor; man bleibt beim Thema.

Noch wichtiger ist der Aufbau beim mündlichen Vortrag:

einer Erzählung (Was war zuerst? Was kam dann?),
einer Beschreibung (Was war das wichtigste? Was ist weniger wichtig?),
einer Anweisung (Welche Schritte soll man nacheinander unternehmen?).

Ebenso in der gemeinsamen **Diskussion** (Was ist das Problem? Welche Auffassungen gibt es dazu? Wie kann dafür argumentiert werden? Wie soll man sich entscheiden?) oder im **Interview** (Fragen zur Person, Fragen zur Sache, Fragen zur persönlichen Meinung).

Entsprechend hat auch ein Text oft ein bestimmtes Abfolgemuster, das für die jeweilige Textart (Textsorte) typisch ist:

Brief: Absender – Datum – Anschrift – Bezugnahme – Anrede – Anliegen – Ausführung des Anliegens – Schluß – Gruß(formel) – Unterschrift.

Referat: Einleitung (Fragestellung) – Durchführung (mehrere Unterpunkte) – Abschluß (Zusammenfassung, Konsequenzen).

Buchbesprechung: Einleitung (Warum gerade dieses Buch?) – Inhalt des Buches – Darstellungsweise im Buch – Einordnung und Beurteilung – Schlußempfehlung.

Versuchsprotokoll: Experimentanordnung – Durchführung des Experiments – Versuchsergebnisse Erklärung.

Wenn man sich an solche Muster hält, wird der Text übersichtlich, und der Leser kann rasch die für ihn wichtigsten Informationen entnehmen.

3. Die Wortarten: Übersicht

Wir unterscheiden als wichtige Wortarten:
Verb (Tätigkeitswort, Tuwort)
Nomen (Substantiv, Namenwort, Dingwort, Hauptwort)
Adjektiv (Eigenschaftswort, Wiewort)
Adverb (Umstandswort)
Präposition (Verhältniswort)
Artikel (Begleiter, Geschlechtswort)
Konjunktion (Bindewort)
Fragewort (Interrogativpronomen oder -adverb)

In Klammern stehen (außer beim Fragewort) die deutschen Bezeichnungen, die einige von euch aus der Grundschule kennen. Sie sollen ausdrücken, daß die Wörter etwas Bestimmtes bezeichnen (z.B. Tätigkeiten, Dinge, Eigenschaften) oder bestimmte Aufgaben im Satz haben (z.B. ein Nomen zu begleiten oder Teilsätze zu verbinden). Diese deutschen Bezeichnungen sind manchmal irreführend. Denn auch *schneien* ist ein Verb, obwohl es keine Tätigkeit bezeichnet, und *Frechheit* ist ein Nomen, obwohl es ein Verhalten charakterisiert und nicht ein Ding bezeichnet.

Wir verwenden deshalb immer die Bezeichnungen, die vor den Klammern stehen. Die lateinischen Bezeichnungen für die Wortarten werden auch in den Fremdsprachen verwendet. Eine einheitliche Benennung erleichtert das Lernen der Fremdsprachen, weil ihr die Wörter und Wortarten mit denen der deutschen Sprache vergleichen könnt.

Beispiele für die Wortarten:
Verben: *gehen, schlafen, lernen, kaufen, zerbrechen, schneien, können, haben*
Nomen: *Kind, Schule, Wasser, Brot, Peter, Schlaf, Faulheit, Handlung*
Adjektive: *groß, dick, faul, lebendig, grün, langweilig, menschlich*
Adverbien: *heute, bald, oben, dort, wahrscheinlich, manchmal*
Präpositionen: *auf, in, vor, mit, zwischen, nach*
Artikel: *der, die, ein*
Konjunktionen: *und, oder, weil, aber, als, nachdem*
Fragewörter: *wer, wann, wie, warum*

Wir können noch nicht alle Wörter in diese acht Wortarten einordnen, aber doch die meisten. Einige Gruppen von Wörtern sind mit den genannten Wortarten eng verwandt: Die Zahl- und Mengenwörter (*einige, alle, etwas, ...*) sind den Artikeln ähnlich, die Pronomen stehen oft anstelle eines Nomens oder einer Nominalgruppe (siehe Kapitel 5.2). Die wenigen übrigbleibenden Wörter (z.B. *ja, nein, mal, nur, doch, sehr, danke*) wollen wir keiner Wortart zuordnen, sondern einfach als Wort anführen, wenn wir über sie sprechen.

Beachtet: Die Wörter gehören nicht immer fest zu einer Wortart, sondern können manchmal durch kleine Änderungen in eine andere Wortart verwandelt werden.

Beispiele:

Segel – segeln	*tief – Tiefe*
Schlaf – schlafen	*breit – Breite*
Salz – salzen	
Reise – reisen	*reif – reifen*
Ärger – ärgern	*süß – süßen*
Tischler – tischlern	*trocken – trocknen*

Merkmale zur Unterscheidung der Wortarten

1. Die Flexion: Wird das Wort flektiert (verändert)?
Verben, Nomen, Adjektive und Artikel können flektiert werden; sie haben verschiedene Flexionsformen, z.B.:

gehe, gehst, ging, gingst, gegangen
Kinder, Kindes, Kindern
große, größer, größtes
der, dem, den

Alle anderen Wörter können nicht flektiert werden.

2. Die Bedeutung: Haben die Wörter eine selbständige Bedeutung?
Verben, Nomen, Adjektive und viele Adverbien haben eine selbständige Bedeutung. Wenn jemand das Wort nennt, können wir uns etwas Genaues darunter vorstellen, z.B. *laufen* (eine bestimmte Art, sich mit den Beinen fortzubewegen), *Messer* (ein Instrument zum Schneiden), *faul* (das Verhalten oder die Eigenschaft von jemand, der gerne nichts tut), *heute* (dieser Tag bis Mitternacht).

Verben bezeichnen oft Handlungen, Zustände, Ereignisse oder Prozesse.
Nomen bezeichnen oft Personen, Gegenstände, Massen oder abstrakte Sachen.
Adjektive bezeichnen oft Eigenschaften oder Verhaltensweisen.
Adverbien bezeichnen oft Orte oder Zeitabschnitte.

Alle anderen Wörter haben eine Aufgabe zusammen mit weiteren Wörtern, sie stehen eng mit ihnen zusammen. Wenn uns jemand diese Wörter nennt, denken wir eher an ganze Wortgruppen oder Sätze, in denen sie vorkommen. Diese Wörter haben eine Bedeutung zusammen mit den Wörtern, bei denen sie stehen.

3. Stellung und Aufgabe im Satz: Welche Aufgaben haben die Wörter im Satz? Mit welchen anderen Wörtern stehen sie eng zusammen?

Wir betrachten zunächst die Wörter, die nicht schon für sich eine Bedeutung haben.

Die **Artikel** kommen zusammen mit einem Nomen in der Nominalgruppe vor, und zwar stehen sie vor dem Nomen. Sie dienen dazu, das vom Nomen Bezeichnete näher zu bestimmen (zu determinieren; deshalb nennt man sie manchmal Determinanten).

> *das Pferd, ein Pferd*

Die **Konjunktionen** verbinden Wörter oder Satzteile von der gleichen Art, oder sie verbinden Teilsätze zu einem komplexen Satz.

> *Karin und ihr Bruder*
> *alt, aber gut*
> *in der Post oder auf dem Bahnhof*
> *Er ging, weil es langweilig war.*

Die **Präpositionen** stehen vor einer Nominalgruppe und stellen dadurch oft eine räumliche oder zeitliche Beziehung her.

> *in der Tasche, zum nächsten Briefkasten, vor den Ferien.*

Die **Fragewörter** stehen zu Anfang einer Satzgliedfrage (Ergänzungsfrage). Zusammen mit dem Rest des Satzes machen sie klar, wonach gefragt wird.

> *Wo bist du geblieben? Wer hat meinen Füller?*

Verben, Nomen, Adjektive und Adverbien können an vielen Stellen im Satz vorkommen. Ihre Stellung ist also kein Merkmal, um sie unterscheiden zu können. Obwohl die Bezeichnung „Adverb" zu deutsch einfach „beim Verb" heißt, stehen die Adverbien nicht immer direkt beim Verb. Z.B.:

> *Treffen wir uns heute um fünf?*
> *Heute um fünf paßt es nicht.*
> *Um sechs paßt es heute auch nicht.*

Das Verb kann an erster, zweiter oder letzter Stelle im Satz stehen; es hat also keine feste Stellung. Die wechselnde Stellung des Verbs hilft, die Satzart zu erkennen sowie Hauptsatz und Nebensatz (Gliedsatz) zu unterscheiden.

> *Siehst du den Mond?*
> *Ich sehe den Mond.*
> *…, als sie den Mond betrachteten.*

Das Nomen kann fast überall im Satz vorkommen, oft bildet es zusammen mit anderen Wörtern eine Nominalgruppe.

> *Mancher Apfel ist noch unreif.*
> *Vielleicht ist dieser Apfel schon reif.*
> *Ich probiere mal den Apfel.*

Das Adjektiv kann zusammen mit einem Nomen (attributiv in einer Nominalgruppe), aber auch an anderer Stelle im Satz (prädikativ) vorkommen.

> *Ist das ein scharfes Messer?*
> *Besonders scharf ist das Messer nicht.*

22

4. Die Großschreibung

Nomen werden mit großem Anfangsbuchstaben geschrieben. (Das ist aber nur im Deutschen so, nicht in anderen Sprachen.) Alle anderen Wörter werden mit kleinem Anfangsbuchstaben geschrieben, ausgenommen am Satzanfang.

Wenn Wörter wie ein Nomen gebraucht werden, schreibt man sie ebenfalls groß (= Nominalisierung). Die Wörter (besonders Verben oder Adjektive) werden dann durch den davorstehenden Artikel oder durch eine Präposition mit Artikelendung (*beim*, *ins*) oder durch ein Mengen- oder Zahlwort nominalisiert.

Wir wollen jetzt turnen. Einigen macht das Turnen Spaß. Wenigstens kommt man beim Turnen ins Schwitzen.

Da ist mir ein dummes Ding passiert, wirklich etwas ganz Dummes.

Endlich kamen auch die letzten Läufer ins Ziel. Die Letzten bekommen einen Trostpreis.

Übersicht

	Wird das Wort flektiert?	Hat das Wort eine selbständige Bedeutung?	Hat das Wort eine feste Stellung?	Wird das Wort groß geschrieben?
Verb	ja	ja	nein	nein
Nomen	ja	ja	nein	ja
Adjektiv	ja	ja	nein	nein
Adverb	nein	oft	nein	nein
Präposition	nein	nein	steht vor einer Nominalgruppe	nein
Artikel	ja	nein	steht vor einem Nomen	nein
Konjunktion	nein	nein	verbindet Wörter, Satzteile oder Teilsätze	nein
Fragewort	nein	nein	steht am Anfang eines Fragesatzes	nein

4. Das Verb

Das Verb hat von allen Wörtern die wichtigste Aufgabe im Satz. Ohne Verb läßt sich kaum ein Satz formulieren. (Lateinisch *verbum* = Wort, Rede, Aussage.) Das Verb bezeichnet Handlungen, Zustände, Ereignisse oder Prozesse, um die es geht. Man kann deshalb die Verben inhaltlich nach der Art des Sachverhalts einteilen:

a) **Handlungsverben**. Eine Handlung kann von einem Menschen mit einem bestimmten Ziel (oder einer bestimmten Absicht) ausgeführt werden.

  laufen, werfen, aufstehen, sich hinlegen, schreiben, ...

b) **Zustandsverben**. Ein Zustand kann über eine längere Zeit unverändert bestehen.

  liegen, hängen, wohnen, aussehen, ...

c) **Ereignis- oder Prozeßverben**. Es handelt sich weder um einen Zustand noch um eine Handlung. Es kann sich etwas plötzlich oder allmählich ohne Zutun des Menschen verändern.

  zusammenstoßen, umfallen, verschimmeln, zerfallen, vergessen, ...

Beispielsätze:

  Monika schrieb die Vokabeln ab. (Handlung)
  Die Vokabeln stehen auf Seite 70. (Zustand)
  Das Heft fiel auf den Fußboden. (Ereignis)
  Monika vergaß die meisten Vokabeln wieder. (Prozeß)

Daneben gibt es noch Hilfsverben, Modalverben und Kopulaverben (siehe Abschnitte B bis D in diesem Kapitel).

Merkmale des Verbs

1. Das Verb kann eine Personal- und Zeitform haben, d.h. es wird nach Tempus (Präsens, Präteritum usw.), Person (1., 2. oder 3. Person) und Numerus (Singular oder Plural) flektiert. Solche Formen heißen finite Formen des Verbs.

2. Daneben gibt es nichtfinite (infinite) Formen für ein untergeordnetes (abhängiges) Verb, nämlich Infinitiv und Partizip.

3. Die Stellung des finiten Verbs im Satz bestimmt unsere Einteilung der Satzarten (siehe Kapitel 1), ebenfalls die Unterscheidung von Hauptsatz und Nebensatz (siehe Kapitel 8.3).

4. Das finite Verb bildet zusammen mit abhängigen infiniten Verbformen eine Satzklammer.

5. Person und Numerus des finiten Verbs sind dieselben wie im Subjekt des Satzes (Subjekt-Verb-Kongruenz, siehe Kapitel 8.1).

6. Viele Verben müssen/können durch weitere Satzglieder (z.B. ein Objekt) ergänzt werden (siehe Kapitel 8.2); das Verb bestimmt also, welche Satzglieder notwendig und welche möglich sind. *Geben* verlangt z.B. ein Dativ- und ein Akkusativobjekt („jemandem etwas geben"), *schlafen* schließt beides aus.

7. Weitere Formen des Verbs sind das Passiv und der Konjunktiv (siehe Kapitel 9).

A. Die Flexionsformen des Verbs

Wir unterscheiden folgende Flexionsformen des Verbs:

Infinitiv	(*laufen, arbeiten*)
finite Formen	(*läufst, lief, arbeitest, arbeitete, ...*)
Imperativ	(*lauf, lauft, arbeite, arbeitet*)
Partizip	(*gelaufen, gearbeitet*)

Infinitiv und Partizip werden auch als infinite Formen des Verbs zusammengefaßt.

1. Der Infinitiv eines Verbs endet immer auf *(e)n*. Mit dem Infinitiv nennen wir das Verb (deshalb sagt man oft: Nennform).

Wenn wir nur die Ergänzungen eines Verbs anzeigen wollen, benutzen wir oft eine Wortkette mit Infinitiv:

> *ein Loch in etwas bohren,*
> *sich mit jemandem verabreden.*

Das nominalisierte (oder: substantivierte) Verb hat dieselbe Form wie der Infinitiv, es wird aber groß geschrieben:

> *beim Arbeiten helfen, das ständige Herumlaufen.*

Nach den Modalverben und im Futur mit *werden* steht immer der einfache Infinitiv:

> *Ich kann das nicht erkennen.*
> *Ich werde dich daran erinnern.*

Bei vielen anderen Verben steht der Infinitiv mit *zu*:

> *Sie versuchte, den Koffer zu öffnen.*
> *Sie bat den Schaffner, ihr dabei zu helfen.*

In einigen Regionen Deutschlands benutzt man *am* + Infinitiv, um einen anhaltenden Zustand zu beschreiben:

> *Es ist am Regnen.*
> *Seit heute morgen bin ich das Auto am Reparieren.*

2. Die finiten Formen. Das Verb wird flektiert (verändert)

nach der **Person**: erste, zweite oder dritte Person
nach dem **Numerus** (der Zahl): Singular (Einzahl) oder
Plural (Mehrzahl)
nach dem **Tempus** (der Zeit).

Wir unterscheiden einfaches und zusammengesetztes Tempus.

Die **einfachen Zeiten** (Tempora) werden durch Endungen oder Vokalveränderungen am Verbstamm gebildet:

> **Präsens** (lat. = das Gegenwärtige)
> **Präteritum** (lat. = das Vergangene)

Das Präteritum wird gebraucht, wenn der besprochene Sachverhalt vergangen ist. Das Präsens wird gebraucht, wenn der besprochene Sachverhalt nicht vergangen ist (also gegenwärtig oder bis in die Gegenwart anhaltend oder zukünftig oder allgemeingültig).

> *Gleich gibt es Regen.*
> *Seit Tagen ist schlechtes Wetter.*
> *Übermorgen findet unser Sportfest statt.*
> *Tanja geht regelmäßig zum Zahnarzt.*
> *Der Umfang der Erde beträgt 40 000 km.*
> *Zwei mal drei ist sechs.*

	Präsens	Präteritum
1. Person Singular	*ich laufe*	*ich lief*
2. Person Singular	*du läufst*	*du liefst*
3. Person Singular	*er/sie/es läuft*	*er/sie/es lief*
1. Person Plural	*wir laufen*	*wir liefen*
2. Person Plural	*ihr lauft*	*ihr lieft*
3. Person Plural	*sie laufen*	*sie liefen*

Es gibt regelmäßige und unregelmäßige Verben. Die regelmäßigen Verben haben im Präteritum (vor der Person/Numerus-Endung) ein *–te*:

> *ich sagte, du redetest, er marschierte*
> *wir hofften, ihr glaubtet, sie spielten*

Die unregelmäßigen Verben haben im Präteritum oft einen anderen Vokal als im Präsens:

> *ich lese – ich las*   *wir rufen – wir riefen*
> *du fährst – du fuhrst*   *ihr schweigt – ihr schwiegt*
> *er lügt – er log*   *sie kommen – sie kamen*

Die 1. und 2. Person kommen nur bei Verben vor, die etwas mit menschlichen Tätigkeiten oder Eigenschaften zu tun haben. Die 1. Person bezieht sich immer auf den Sprecher, die 2. Person auf den Angesprochenen. Die Flexionstabelle ist also nicht für alle Verben anwendbar!
Es gibt nicht: *ich regnete*, sondern nur: *es regnete*.
Es heißt nicht: *du bist aufgeklappt*, sondern: *es* (z.B. *das Buch*) *ist aufgeklappt*.

Bei den **zusammengesetzten Zeiten** (Tempora) werden immer zwei Verben verwendet. Nur das erste Verb ist das finite Verb: es verändert sich mit der Person und dem Numerus. Wir nennen es das Hilfsverb. Das zweite Verb, das Hauptverb, verändert seine Form nicht.

Perfekt (lat. *perfectum* = das Abgeschlossene/Vollendete)
Das Hilfsverb ist eine Form von *sein* (*bin, ist, sind, ...*) oder von *haben*, das Hauptverb ist ein Partizip.

Ich bin gelaufen.   *Ich habe gearbeitet.*
Sie ist aufgewacht.   *Sie hat gesungen.*

Im Perfekt steht das Hilfsverb im Präsens (deshalb sagt man manchmal: Präsensperfekt).
Das Perfekt wird gebraucht, wenn das besprochene Ereignis jetzt oder zu einem erwähnten Zeitpunkt in der Zukunft abgeschlossen ist.

Ich habe das Buch schon gelesen.
Morgen hast du es bestimmt auch gelesen.
Das Auto ist liegengeblieben.
Bis übermorgen ist es repariert.

Plusquamperfekt (lat. = das mehr als Vollendete)
Man verwendet Hilfsverb und Partizip wie im Perfekt, nur wird das Hilfsverb ins Präteritum gesetzt.
Das Plusquamperfekt wird gebraucht, wenn das besprochene Ereignis zu einem erwähnten Zeitpunkt in der Vergangenheit bereits abgeschlossen war.

Als du gestern kamst, hatte ich das Buch schon gelesen.
Wir konnten nicht weiterfahren, weil das Auto liegengeblieben war.

	Perfekt	Plusquamperfekt
1. Person Singular 2. Person Singular 3. Person Singular	*ich bin gelaufen* *du bist gelaufen* *er/sie/es ist gelaufen*	*ich war gelaufen* *du warst gelaufen* *er/sie/es war gelaufen*
1. Person Plural 2. Person Plural 3. Person Plural	*wir sind gelaufen* *ihr seid gelaufen* *sie sind gelaufen*	*wir waren gelaufen* *ihr wart gelaufen* *sie waren gelaufen*

Futur (lat. *futurum* = das Zukünftige)
Hier wird das Hilfsverb *werden* im Präsens zusammen mit dem Hauptverb im Infinitiv verwendet. Über Zukünftiges kann man auch im Präsens oder Perfekt sprechen, und mit dem Futur kann man auch über Gegenwärtiges sprechen. Das Futur wird gebraucht, wenn der besprochene Sachverhalt als gegenwärtig oder zukünftig erwartet wird.

Sabine wird wohl schon zuhause sein.
Morgen wird es bestimmt wieder regnen.

	Futur
1. Person Singular 2. Person Singular 3. Person Singular	*ich werde laufen* *du wirst laufen* *er/sie/es wird laufen*
1. Person Plural 2. Person Plural 3. Person Plural	*wir werden laufen* *ihr werdet laufen* *sie werden laufen*

Das Merkmal der **Verbstellung** bei den Satzarten bezieht sich stets auf das finite Verb, nicht auf das Partizip oder den Infinitiv.

Aussagesatz:

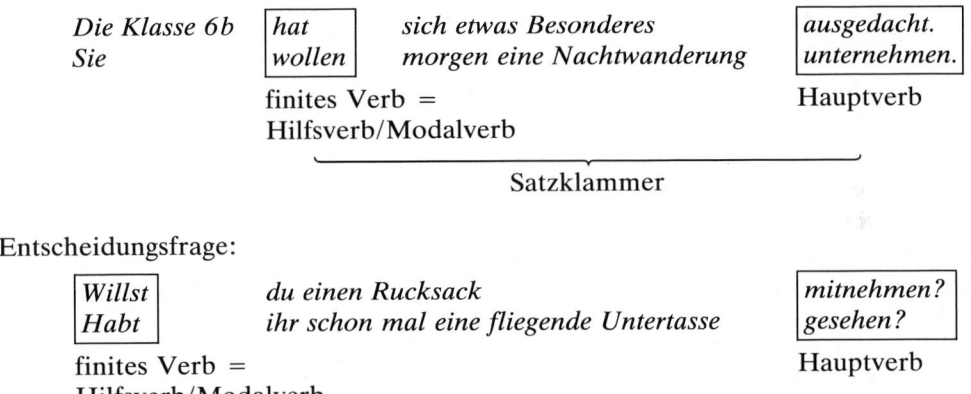

| *Die Klasse 6b* | *hat* | *sich etwas Besonderes* | *ausgedacht.* |
| *Sie* | *wollen* | *morgen eine Nachtwanderung* | *unternehmen.* |

finites Verb =   Hauptverb
Hilfsverb/Modalverb

Satzklammer

Entscheidungsfrage:

| *Willst* | *du einen Rucksack* | *mitnehmen?* |
| *Habt* | *ihr schon mal eine fliegende Untertasse* | *gesehen?* |

finites Verb =   Hauptverb
Hilfsverb/Modalverb

Satzklammer

Von der **Satzklammer** spricht man, wenn das Hauptverb (im Partizip oder Infinitiv) am Schluß des Satzes steht: der Satz wird vom Hilfsverb/Modalverb und dem dazugehörenden Hauptverb „wie mit einer Klammer zusammengehalten".

Die Person und der Numerus des finiten Verbs sind dieselben wie im Subjekt des Satzes:

Ich lief nach Hause.	– *Ich*	ist die 1. Person Singular.
Läufst du mit?	– *du*	ist die 2. Person Singular.
Die Leute liefen weg.	– *Die Leute*	ist die 3. Person Plural.

Man spricht auch von **Subjekt-Verb-Kongruenz** (Übereinstimmung). Mit ihrer Hilfe läßt sich oft das Subjekt eines Satzes erkennen.

3. Der Imperativ. Der Imperativ ist eine besondere finite Form des Verbs. Deshalb wird er extra aufgeführt. Der Imperativ wird nur im Aufforderungssatz verwendet; man kann deshalb auch nur die 2. Person als Subjekt (nämlich für den oder die Angesprochenen) ergänzen. Es gibt eine Form im Singular und eine Form im Plural. Außerdem gibt es die Form für die höfliche Anrede, wenn sich zwei Personen siezen; dabei wird das Subjekt *Sie* groß geschrieben, und es gibt keinen Unterschied von Singular und Plural.

	Imperativ
(2. Person) Singular	*lauf (du)!, arbeite (du)!*
(2. Person) Plural	*lauft (ihr)!, arbeitet (ihr)!*
(3. Person der höflichen Anrede) Singular/Plural	*laufen Sie!, arbeiten Sie!*

4. Das Partizip. Beim Perfekt und Plusquamperfekt steht das Hauptverb immer im Partizip:

> *Ich habe ein Eichhörnchen gesehen. Es war dasselbe, das ich schon gestern gesehen hatte.*
> *Nachdem sich der Sturm gelegt hatte, war der ganze Schaden erkennbar. Viele Bäume sind umgestürzt.*

Beim regelmäßigen Verb wird das Partizip meistens von *ge – t* eingerahmt:

> *gesagt, gehofft, gespielt.*

Beim unregelmäßigen Verb wird das Partizip meistens von *ge – en* eingerahmt, außerdem ändert sich oft der Vokal:

> *lesen – gelesen, kommen – gekommen*
aber: *singen – gesungen, fliehen – geflohen*

Das hier besprochene Partizip heißt auch **Partizip II** (Perfektpartizip, Partizip der Vorzeitigkeit).

Daneben gibt es noch das **Partizip I** (Präsenspartizip, Partizip der Gleichzeitigkeit), das aus Infinitiv + *d* gebildet und wie ein Adjektiv verwendet wird (siehe Partizipialattribut in Kapitel 10.1).

> *Die auf der Straße liegenden Bäume müssen weggeräumt werden.*
> *Die herbeieilende Feuerwehr hatte viel zu tun.*

B. Die Hilfsverben: *sein, haben, werden*

Die Hilfsverben haben keine eigene Bedeutung, sondern dienen zur Bildung der zusammengesetzten Flexionsformen; neben ihnen findet sich dann noch ein zweites Verb, das Hauptverb.

Sein oder *haben* werden beim Perfekt und Plusquamperfekt verwendet.

Perfekt: *Thomas ist zu spät gekommen.*
Thomas hat getrödelt.

Plusquamperfekt: *Der Lehrer war auf eine Murmel getreten.*
Er hatte nichts gemerkt.

Werden wird beim Futur und Passiv verwendet.

Futur: *Karin wird die Ferien bei ihrer Oma verbringen.*

Passiv: *Karin wurde von einer Biene gestochen.*
Die Hefte werden vom Lehrer wieder eingesammelt.

Im Passiv kann man die handelnde Person weglassen oder mit der Präposition *von* anschließen. Dafür wird das Akkusativobjekt des Nichtpassivsatzes (= Aktivsatzes) zum Subjekt des Passivsatzes (siehe Kapitel 9.1).
Bayern München schlug den HSV.
Der HSV wurde geschlagen.
Der HSV wurde von Bayern München geschlagen.

C. Die Modalverben: *sollen, müssen, dürfen, können, wollen, mögen (möchten)*

Ein Sachverhalt oder eine Handlung wird nicht einfach als wirklich beschrieben, sondern unter einem bestimmten Standpunkt: als verboten, erlaubt, gefordert oder beabsichtigt, als durchführbar, notwendig, möglich oder unmöglich. Z. B.:

Verbote:
> *Im Wald darf nicht geraucht werden.*
> *Ihr sollt nicht miteinander flüstern.*

Erlaubnisse:
> *Darfst du mit ins Schwimmbad?*
> *Meinetwegen kannst du jetzt fernsehen.*

Gebote/Aufforderungen:
> *Bei Rot müssen die Fußgänger warten.*
> *Du sollst gerade sitzen.*

Fähigkeiten:
> *Peter kann Gitarre spielen.*
> *Die Fledermaus kann sich im Dunkeln zurechtfinden.*

Absichten/Wünsche:
> *Wir wollen eine Party veranstalten.*
> *Magst (Möchtest) du noch etwas essen?*

Notwendigkeit:
> *Das Dach muß repariert werden.*
> *Die Kühe müssen zu trinken kriegen.*

Möglichkeit:
> *Es kann noch Regen geben.*
> *Der Schaden kann leicht behoben werden.*

Unmöglichkeit:
> *Die Leiter kann gar nicht umfallen.*
> *Bei dem Lärm kann man ja sein eigenes Wort nicht mehr verstehen.*

Man kann aber Verbote, Erlaubnisse usw. manchmal auch auf andere Weise formulieren (z. B. *es ist verboten ...*, *ich erlaube dir ...*).

D. Die Kopulaverben: *sein, werden, bleiben*

Diese Verben verbinden sich mit einem Adjektiv oder Nomen, so daß man das Adjektiv bzw. Nomen **prädikativ** (als Prädikat) verwenden kann (lat. *copula* = Verbindung). Zusammen mit dem Subjekt entsteht dann eine vollständige Aussage. Die Kopulaverben unterscheiden sich nur darin, daß sie den Sachverhalt (den Zustand) unterschiedlich in die Zeit einordnen:

> *sein* drückt aus, daß ein Zustand besteht;
>
> *werden* drückt aus, daß ein neuer Zustand entsteht;
>
> *bleiben* drückt aus, daß der alte Zustand anhält.

Zusammen mit einem Adjektiv (Präsens):

Das Brot ist frisch.	(Jetzt ist es frisch.)
Das Brot wird trocken.	(Jetzt ist es noch nicht trocken, aber später wird es trocken sein.)
Das Brot bleibt frisch.	(Jetzt ist es frisch, und auch später wird es frisch sein.)

Zusammen mit einem Nomen:

> *Martin ist der Mittelstürmer.*
>
> *Martin wird Mittelstürmer.*
>
> *Martin bleibt Mittelstürmer.*

Dasselbe ist auch in der Vergangenheit (im Präteritum) möglich:

Vera war gesund/Klassensprecher.	(Der Zustand bestand.)
Vera wurde gesund/Klassensprecher.	(Der Zustand änderte sich.)
Vera blieb gesund/Klassensprecher.	(Der Zustand bestand und änderte sich nicht.)

Wenn man etwas allgemein einordnen will, läßt sich meistens nur das Präsens verwenden:

> *Der Wal ist ein Säugetier. (war?)*
>
> *Afrika ist groß und weit. (war?)*

5. Die Wörter der Nominalgruppe

5.1 Das Nomen

Jedes Nomen hat schon für sich genommen eine ausgeprägte Bedeutung. Die meisten Wörter in einem Wörterbuch sind Nomen: man kann ihre Bedeutung erklären, ohne dabei an einen ganz bestimmten Satz zu denken. Das Nomen bezeichnet eine Person, einen Gegenstand, eine Masse oder eine abstrakte Sache. Im Deutschen schreiben wir den ersten Buchstaben eines Nomens groß. (In anderen Sprachen ist das nicht der Fall.)

Lateinisch *nomen* = der Name, die Pluralform heißt: *nomina*. Wenn man das Wort *Nomen* wie ein deutsches Wort behandelt, lautet der Plural wie der Singular, nämlich: *Nomen* (vgl. *der Reifen – die Reifen, der Haufen – die Haufen*).

Merkmale für das Nomen

1. Das Nomen hat ein Genus (Geschlecht): Maskulinum, Femininum oder Neutrum.
2. Das Nomen hat einen Numerus: Singular oder Plural.
3. Das Nomen bildet zusammen mit Artikel, Adjektiv und weiteren Attributen eine Nominalgruppe.
4. Die Nominalgruppe flektiert nach Numerus und Kasus (Fall).
5. Die Nominalgruppe kann durch ein Personalpronomen vertreten werden.

1. Das Nomen kann fast immer zusammen mit einem Artikel verwendet werden. Nach der Art des Artikels können wir das **Genus** (das Geschlecht) des Nomens bestimmen.

Maskulinum (männlich):   *der Mann, Hund, Stein, Schnee, Spaß*
Femininum (weiblich):   *die Tante, Amsel, Milch, Familie, Krankheit*
Neutrum (sächlich):   *das Kind, Pferd, Fleisch, Gebüsch, Glück*

Wörter für männliche Lebewesen sind meistens maskulinum:
    der Opa, der Schaffner, der Stier.
Wörter für weibliche Lebewesen sind meistens femininum:
    die Oma, die Schaffnerin, die Kuh.
Es heißt aber: *das Mädchen, das Baby.*
Es heißt auch: *der Mond, die Sonne; der Ahorn, die Kiefer.*
Sind Mond und Ahorn männlich, aber Sonne und Kiefer weiblich?
Beachtet: Nicht alle Wörter, die maskulinum sind, bezeichnen männliche Lebewesen; nicht alle Wörter, die femininum sind, bezeichnen weibliche Lebewesen.

2. Viele Nomen können im Singular oder Plural vorkommen.

Numerus (Zahl): **Singular** (Einzahl)
Plural (Mehrzahl)

Bei einigen Nomen gibt es nur den Singular:
Wasser, Schnee, Zucker, Milch, Gold, Obst, Wild, Polizei, Gepäck, Dank, Ärger, Verkehr.

Bei anderen Nomen gibt es nur den Plural:
Eltern, Leute, Ferien, Masern, Alpen, Möbel, Lebensmittel, Spaghetti.

Einige Nomen können nur mit Zahlwörtern, andere nur mit Mengenwörtern verbunden werden. Z.B.:
einige Blumen, mehrere Schüler, ein paar Steine,
aber: *etwas Milch, ein bißchen Zucker.*

Wir können also verschiedene Klassen von Nomen unterscheiden:

a) Nomen, die **zählbare Dinge** bezeichnen. Hier sind Singular und Plural möglich. Alle Zahlwörter sind möglich.
ein Stuhl, die Stühle, fünf Stühle, einige Stühle, viele Stühle
das Huhn, mehrere Hühner, zahlreiche Hühner

b) Nomen, die **nicht-zählbare Substanzen** bezeichnen. Hier ist nur der Singular möglich. Zahlwörter sind nicht möglich, dafür aber Mengenwörter.
die Milch, etwas Milch, viel Milch, ein Glas Milch
das Gold, etwas Gold, 2 g Gold, ein bißchen Gold
der Zucker, eine Menge Zucker, eine Tüte Zucker, 1 kg Zucker

c) Nomen, die **mehrteilige Mengen** bezeichnen. Hier ist nur der Plural möglich. Bestimmte Zahlwörter sind nicht möglich, dafür aber unbestimmte Zahlwörter.
die Leute, einige Leute, zahlreiche Leute
die Möbel, viele Möbel, unzählige Möbel
die Lebensmittel, mehrere Lebensmittel, manche Lebensmittel

d) Nomen, die eine **abstrakte Sache** bezeichnen. Hier ist oft nur der Singular möglich. Zahlwörter sind meistens nicht möglich, dafür aber Mengenwörter.
die Liebe, etwas Liebe
der Ärger, ein bißchen Ärger
aber: *viele Dummheiten, mehrere Freundschaften*

3. Zu jedem Nomen kann ein Adjektiv hinzugefügt werden, um die Bedeutung näher zu bestimmen (siehe **Adjektivattribut**, Kapitel 10.1):

ein dicker Mann, ein dummer Spaß
eine fröhliche Tante, eine schlimme Krankheit
ein langweiliges Kind, ein hohes Gebüsch

Zusammen mit einem Artikel (Zahlwort oder Mengenwort) und den Attributen bildet das Nomen eine **Nominalgruppe**. Eine Nominalgruppe kann in einem Satz als Subjekt oder Objekt stehen. Beispiele für Subjekt:

Ein dicker Mann stieg in den Bus ein.
Die lange Krankheit hat ihn sehr geschwächt.
Das Lammfleisch ist uns zu teuer.
Einige hohe Bäume stehen auf dem Schulhof.

4. Die Nominalgruppe wird flektiert (verändert, gebeugt):

nach dem **Numerus:**   Singular oder Plural
nach dem **Kasus** (dem Fall):   Nominativ (1. Fall)
                                 Genitiv (2. Fall)
                                 Dativ (3. Fall)
                                 Akkusativ (4. Fall)

Man kann nach der Nominalgruppe in einem bestimmten Kasus fragen.
Danach werden die Fälle auch manchmal benannt: Wer-Fall, Wessen-Fall, Wem-Fall und Wen-Fall.

Singular

	Maskulinum	Femininum	Neutrum
Nominativ	*Der Mann kam über die Straße.*	*die Frau*	*das Kind*
Genitiv	*Der Hut des Mannes war verbeult.*	*der Frau*	*des Kindes*
Dativ	*Dem Mann fiel der Hut runter.* *Ich gab dem Mann den Hut zurück.*	*der Frau*	*dem Kind*
Akkusativ	*Ich fragte den Mann, woher er kommt.*	*die Frau*	*das Kind*

Plural

	Maskulinum	Femininum	Neutrum
Nominativ	*Die Männer kamen über die Straße.*	*die Frauen*	*die Kinder*
Genitiv	*Die Hüte der Männer waren verbeult.*	*der Frauen*	*der Kinder*
Dativ	*Den Männern fielen die Hüte runter.* *Ich gab den Männern die Hüte zurück.*	*den Frauen*	*den Kindern*
Akkusativ	*Ich fragte die Männer, woher sie kommen.*	*die Frauen*	*die Kinder*

Das Subjekt steht immer im Nominativ. Akkusativ und Dativ kommen vor allem bei den Objekten und nach Präpositionen vor. Eine Nominalgruppe im Genitiv ist meistens Genitivattribut. Man kann dann manchmal auch *von* + Dativ verwenden:

> *das Auto unseres Nachbarn:*   *wessen Auto?*
> *das Auto von unserm Nachbarn:*   *das Auto von wem?*

Möglich ist auch die Frage: *welches Auto?*

In der gesprochenen Sprache wird statt des Genitivs oft auch der Dativ verwendet.

> *Ich frage dich wegen meines Taschengeldes.*
> *Ich frage dich wegen meinem Taschengeld.*

Dativ und Akkusativ dürfen nicht verwechselt werden. Bei Ortsangaben steht oft der Dativ (*wo?*), bei Richtungsangaben der Akkusativ (*wohin?*).

> *Die Zuschauer liefen auf dem Sportplatz.*
> *Die Zuschauer liefen auf den Sportplatz.*

Das ist natürlich etwas Verschiedenes.

5. Jede Nominalgruppe kann als Ganzes durch ein **Personalpronomen** (Stellvertreter, persönliches Fürwort) ersetzt werden. (Vergleiche mit den Sätzen unter 3.)

> <u>*Er*</u> *stieg in den Bus ein.*
> <u>*Sie*</u> *hat ihn sehr geschwächt.*
> <u>*Es*</u> *ist uns zu teuer.*
> <u>*Sie*</u> *stehen auf dem Schulhof.*

Pronomen heißt zu deutsch „für einen Namen" (*pro* = für, *nomen* = Name).
Er, sie, es (Singular) und *sie* (Plural) sind Personalpronomen der 3. Person. Nominalgruppen werden immer durch Personalpronomen der 3. Person vertreten. Die Personalpronomen der 1. Person sind: *ich, wir* – sie beziehen sich auf die Sprecher; die der 2. Person sind: *du, ihr* – sie beziehen sich auf die angesprochenen Personen.

Auch alle Personalpronomen werden nach dem Kasus (dem Fall) flektiert:

	Singular					Plural		
Nominativ	*ich*	*du*	*er*	*sie*	*es*	*wir*	*ihr*	*sie*
Genitiv	*mein(er)*	*dein(er)*	*sein(er)*	*ihr(er)*	*sein(er)*	*unser*	*euer*	*ihr(er)*
Dativ	*mir*	*dir*	*ihm*	*ihr*	*ihm*	*uns*	*euch*	*ihnen*
Akkusativ	*mich*	*dich*	*ihn*	*sie*	*es*	*uns*	*euch*	*sie*

Die Genitiv-Formen werden auch **Possessivpronomen** genannt. Sie drücken eine Zugehörigkeit (z.B. Besitz) aus. Sie werden meistens wie ein Adjektiv vor einem Nomen verwendet und verändern sich dann wie andere Adjektive.

> *Der Hut des Mannes war verbeult. – Sein Hut war verbeult.*
> *Ich habe den Hut des Mannes aufgehoben. – Ich habe seinen Hut aufgehoben.*

Nach Person und Numerus des Subjekts (Nominalgruppe oder Personalpronomen im Nominativ) richtet sich immer das finite Verb im Satz:

Ein dicker Mann stieg *in den Bus ein:*   3. Person Singular
Ich bin *müde:*   1. Person Singular
Einige hohe Bäume stehen *auf dem Schulhof:*   3. Person Plural

Einige Wörter kann man schon aufgrund der Endung als Nomen erkennen:

Vergrößerung, Freundschaft, Dummheit.

Oft handelt es sich um Nomen, die eine abstrakte Sache bezeichnen.

Auch die Eigennamen sind Nomen. Sie stehen meistens ohne Artikel und ohne Adjektiv. Beispiele:

Christine, Bonn, Schleswig-Holstein, Kilimandscharo.

Vergleicht:

Bonn – die Hauptstadt der Bundesrepublik Deutschland
Kilimandscharo – der höchste Berg Afrikas
Johannes Gutenberg – der Erfinder des Buchdrucks

Welcher Ausdruck sagt euch mehr: der Eigenname oder die Umschreibung?

Verben und Adjektive können wie ein Nomen gebraucht werden, sie können nominalisiert werden. Z.B.:

Uns macht das laute Singen Spaß.
Ich brauche noch ein bißchen Rot auf dem Bild.

Welche Merkmale des Nomens findet ihr wieder?

5.2 Die anderen Wörter der Nominalgruppe

A. Der Artikel

Der Artikel steht vor dem Nomen und bildet mit diesem eine Nominalgruppe, die als Ganze flektiert wird:
> *die Steine, auf den Steinen*
> *ein Stein, auf einem Stein*

Zwischen Artikel und Nomen kann noch ein Adjektiv oder ein komplexeres Attribut eingefügt werden:
> *die <u>nassen</u> Steine*
> *die <u>am Ufer abgelagerten</u> Steine*

Auch Zahlwörter können eingefügt werden; sie lassen sich oft wie ein Adjektiv verwenden:
> *die <u>fünf</u> Steine*
> *die <u>vielen</u> Steine*
> *der <u>siebte</u> Stein*

Wir unterscheiden den bestimmten und den unbestimmten Artikel.

Der bestimmte Artikel zeigt im Singular das Genus (Geschlecht) des Nomens an. Im Plural gibt es nur eine Form.

der Stein	*die Steine*
die Maus	*die Mäuse*
das Pferd	*die Pferde*

Der bestimmte Artikel hebt etwas Bestimmtes oder Bekanntes hervor, z.B.:
> *der Stein, auf <u>den</u> ich getreten bin*
> *die Maus, von <u>der</u> ich gesprochen habe*
> *das Pferd, auf <u>dem</u> Inge geritten hat*
> *die Steine, <u>die</u> am Flußufer liegen*

Beachtet: Die doppelt unterstrichenen Wörter sehen genauso aus wie ein bestimmter Artikel. Sie verweisen aber auf die vor dem Komma stehenden Bezugswörter und heißen deshalb Relativpronomen (bezügliches Fürwort).

Der unbestimmte Artikel *ein* kommt nur im Singular vor; im Plural steht stattdessen gar kein Artikel oder ein Zahlwort:

> *Klaus hat <u>eine Brombeere</u> gegessen.*
> *Klaus hat <u>Brombeeren</u> gegessen.*
> *Klaus hat <u>einige Brombeeren</u> gegessen.*

Der unbestimmte Artikel zeigt an, daß von einem beliebigen, also unbestimmt bleibenden Exemplar einer Sache gesprochen wird: Klaus hat irgendeine Brombeere gegessen.

Der unbestimmte Artikel wird verwendet, wenn man zu seinen Zuhörern über etwas sprechen will, das sie noch nicht kennen und über das auch noch nicht gesprochen wurde. Nachdem man die Sache eingeführt hat, kann man über sie mit Hilfe des bestimmten Artikels oder auch mit Hilfe eines Personalpronomens weiterreden.

> *Klaus hat gestern <u>ein</u> merkwürdiges Tier gesehen.*
> *<u>Das</u> Tier/<u>Es</u> sah gefleckt aus, hatte einen ziemlich langen Schwanz und ...*

Wenn man etwas allgemein mit Hilfe eines Nomens einordnen will, so verwendet man ebenfalls den unbestimmten Artikel:

> *Der Tiger ist <u>ein</u> Raubtier.*
> *„Merkwürdig" ist <u>ein</u> Adjektiv.*

Einige Nomen werden manchmal **ohne Artikel** verwendet, z.B. wenn man allgemein über eine Sache spricht. Meint man aber einen bestimmten Teil der Sache, benutzt man einen Artikel.

Ohne Artikel	Mit Artikel
<u>Obst</u> ist gesund.	*<u>Das Obst</u> ist verfault.*
In den Bergen gibt es <u>Schnee</u>.	*Klaus ist in <u>den Schnee</u> gefallen.*
Das Vieh braucht <u>Wasser</u> und <u>Heu</u>.	*Der Regen verdirbt <u>das Heu</u>.*
Klaus trinkt am liebsten <u>Zitronenlimonade</u>.	*Klaus verschüttete <u>die Zitronenlimonade</u>.*

B. Das Zahlwort

Die Zahlwörter werden oft anstelle eines Artikels gebraucht, manchmal auch zusammen mit einem Artikel (so wie ein Adjektiv).

> *drei Häuser*
> *viele Häuser*
> *das dritte Haus*

Mit dem bestimmten Zahlwort **(Grundzahlwort)** läßt sich eine Menge abzählen:

> *eins, zwei, drei, ... tausend, ...*

Mit dem unbestimmten Zahlwort wird der Umfang einer Menge nur ungefähr angegeben:

> *einige, manche, mehrere, viele*

Mit dem **Ordungszahlwort** gibt man eine bestimmte Stelle in einer Reihenfolge an:

> *erster, zweiter, dritter, ...*

Wenn man eine Sache nicht abzählen kann, verwendet man ein **Mengenwort**:

> *etwas Suppe, <u>viel</u> Arbeit, <u>alles</u> Gute.*

Mengen, die man nicht abzählen kann, mißt man oft mit besonderen Mengeneinheiten, z.B. *Pfund, Löffel, Flasche, Stunde.* Diese Mengeneinheiten kann man leicht abzählen.

> *zwei Pfund Mehl*
> *einige Löffel Suppe*
> *drei Flaschen Brennspiritus*
> *vier Stunden Nachtwanderung*

In der Mathematik werden neben Grundzahlwörtern und Ordnungszahlwörtern auch noch andere Zahlwörter verwendet, z.B. *drittel, viermal, fünffach.* Überlegt, wo euch diese Wörter sonst noch begegnen.

C. Einige Arten von Pronomen

Das Pronomen („für einen Namen") steht oft anstelle einer Nominalgruppe. Es vertritt z. B. eine Nominalgruppe, die man vorher schon erwähnt hat, oder etwas, das in der Situation gegeben ist. Es gibt nun verschiedene Arten von Pronomen, die ganz unterschiedliche Aufgaben im Satz haben. Einige von ihnen stehen lediglich anstelle eines Artikels, sie werden also zusammen mit einem Nomen gebraucht:

solche Dummheiten

welches Buch

irgendwelche Leute

Informationen über das Personalpronomen, das Possessivpronomen, das Demonstrativpronomen und das Relativpronomen findet ihr noch an anderer Stelle dieses Heftes (siehe Kapitel 5.1, Relativsatz Kapitel 10.1, Kapitel 12 C). Hier werden die wichtigsten Arten der Pronomen in einer Übersicht zusammengestellt.

1. Das **Personalpronomen** (persönliche Fürwort) steht für Sprecher oder Angesprochene oder für etwas, worüber man spricht (dann vertritt es eine Nominalgruppe):

ich, wir (1. Person – Sprecher)

du, ihr (2. Person – Angesprochene)

er/sie/es, sie (3. Person – das Besprochene)

2. Das **Possessivpronomen** (besitzanzeigende Fürwort) drückt eine Zugehörigkeit oder einen Besitz aus:

mein, unser (1. Person – zum Sprecher gehörend)

dein, euer (2. Person – zum Angesprochenen gehörend)

sein/ihr, ihr (3. Person – zu etwas Besprochenem gehörend)

3. Das **Demonstrativpronomen** (hinweisende Fürwort) wird verwendet, wenn man auf etwas hinweisen will, das man sehen kann oder über das gerade jemand etwas gesagt hat:

Ich möchte <u>diese</u> Schachtel haben.

Hast du noch mehr von <u>solchen</u> Bildern?

<u>Der</u> da ist es gewesen.

<u>Das</u> war wirklich schade.

<u>Die</u> hat dasselbe Kleid an wie ich.

4. Das **Relativpronomen** (bezügliche Fürwort) drückt einen Bezug zu vorhergehenden Wörtern (den Bezugswörtern) aus; es steht immer in einem Relativsatz:

> *Der Film, den wir gestern gesehen haben, war klasse.*
> *Wir konnten auch einige Störche beobachten, von denen es nur noch wenige gibt.*

In geschriebenen Texten findet man auch manchmal das Wort *welcher:*

> *Für diejenigen, welche noch nie eine Nachtwanderung gemacht haben, gibt es ein besonderes Abenteuer.*

5. Das **Reflexivpronomen** (rückbezügliche Fürwort) zeigt vor allem an, daß jemand eine Handlung in bezug auf sich selbst (statt in bezug auf andere Personen oder Dinge) ausübt:

> *Sie kämmt sich.* (statt: *Sie kämmt ihn.*)
> *Wir haben uns nicht verletzt.*
> *Ich frage mich, ob ...*

Daneben kommt das Reflexivpronomen oft als fester Bestandteil von Verben vor, ohne eine eigene Bedeutung zu haben:

> *Sie schämt sich.* (aber nicht: *Sie schämt ihn.*)
> *Wir beeilen uns.*
> *Ich überlege mir, ob ...*

6. Das **Indefinitpronomen** (unbestimmte Fürwort) zeigt an, daß man die Personen oder Sachen, über die man spricht, unbestimmt läßt, oder daß man eine ganz allgemeine Aussage machen will:

> *Er tut einem wirklich leid.*
> *Man sagt das eben so.*
> *Das weiß ja jeder.*
> *Das macht nichts.*
> *Du hast noch etwas vergessen.*
> *Da ist jemand an der Tür.*

7. Das **Interrogativpronomen**/Fragewort wird zu Anfang einer Satzgliedfrage (Ergänzungsfrage) oder in einem indirekten Fragesatz gebraucht:

> *Wen hast du gesehen?*
> *Welches Buch meinst du?*
> *Mir ist nicht klar, was das heißt.*
> *Ich möchte wissen, wer das gewesen ist.*

6. Die anderen Wortarten

6.1 Das Adjektiv

Die Adjektive haben eine klare selbständige Bedeutung. Sie stehen oft mit einem Nomen zusammen und charakterisieren die mit dem Nomen benannte Person oder Sache genauer. Z.B. bezeichnen sie eine besondere Eigenschaft, die Art eines Verhaltens oder die Art eines Zustands:

> *ein bissiger Hund*
> *Inge ist eine fixe Rechnerin.*
> *Das Wetter ist schwül.*

Das Adjektiv ist beschreibend, wenn sich die Eigenschaft mehr oder weniger direkt beobachten läßt:

> *schnell, nackt, eckig, bleich.*

Das Adjektiv ist bewertend, wenn man die Eigenschaft eher aufgrund bestimmter Wertvorstellungen erschließt:

> *ehrlich, gut, anständig, faul.*

Einige Wörter kann man schon aufgrund ihrer Endung als Adjektive erkennen:

> *eßbar, verstellbar, lesbar, ...*
> *häßlich, nützlich, ärgerlich, ...*
> *windig, brummig, fleißig, ...*
> *kindisch, stürmisch, närrisch, ...*
> *eisern, hölzern, stählern, ...*
> *gummiartig, baumartig, feldartig, ...*
> *mühsam, kleidsam, langsam, ...*

Merkmale für das Adjektiv

1. Das Adjektiv kann Teil einer Nominalgruppe sein (Attribut).
2. Das Adjektiv kann (zusammen mit einem Kopulaverb) das Prädikat bilden.
3. Das Adjektiv wird manchmal wie ein Adverb verwendet.
4. Nur das attributive Adjektiv hat eine wechselnde Endung.
5. Viele Adjektive können gesteigert werden.
6. Viele Adjektive bilden Gegensatzpaare.

1. Das Adjektiv kann als Attribut, also als Teil einer Nominalgruppe verwendet werden (= **attributiver Gebrauch**):

> ein *schnelles* Auto
> ein *freundlicher* Blick
> die *grünen* Haare

2. Das Adjektiv kann in einem Prädikat verwendet werden, wenn man eine Person oder Sache beschreiben will (= **prädikativer Gebrauch**):

> Das Auto war *schnell*.
> Sein Verhalten war *freundlich*.
> Inges Haare sind *grün*.

Dabei wird immer eine Form des Kopulaverbs (Verbindungsverbs) *sein* benutzt, z.B. *war, ist, sind*.

Beachtet, daß sich einige Adjektive nur attributiv, aber nicht prädikativ gebrauchen lassen. Man kann sagen:

> die hiesige Polizei
> die ärztliche Betreuung
> der angebliche Diebstahl

aber nicht: *Die Polizei ist hiesig.*

Es gibt auch Adjektive, die sich nur prädikativ, aber nicht attributiv gebrauchen lassen. Man kann sagen:

> Die Kinder waren barfuß.
> Der Radfahrer ist schuld.
> Die Wanderer sind wieder fit.

aber nicht: *die barfußen Kinder, der schulde Radfahrer* (statt dessen: *die barfüß̲igen Kinder, der schuld̲ige Radfahrer*).

Überlegt, wie ihr die folgenden Adjektive gebrauchen könnt:

> englisch, mütterlich, wirtschaftlich, ländlich
> recht, stark, schade, weh, irre, halb, futsch.

3. Einige Adjektive können wie ein Adverb verwendet werden (= **adverbialer Gebrauch**):

> Das Auto fuhr *schnell* um die Ecke.
> Inge hat *leise* die Tür geöffnet.
> Klaus hat mich *freundlich* angeguckt.
> Hier kann man *bequem* sitzen.

Dabei ist das Adjektiv immer eine Ergänzung zum Prädikat, es drückt die Art und Weise einer Tätigkeit aus (siehe Kapitel 6.2 (5)).

4. Wann hat das Adjektiv eine **wechselnde Endung?**

In der prädikativen und adverbialen Verwendung bleibt das Adjektiv stets unverändert, es ist endungslos:

schnell, freundlich, grün.

In der attributiven Verwendung hat das Adjektiv immer eine Endung und wird zusammen mit der Nominalgruppe flektiert (verändert):

der dicke Koch	*die gute Idee*	*das junge Fohlen*
ein dicker Koch	*eine gute Idee*	*ein junges Fohlen*
die dicken Köche	*die guten Ideen*	*die jungen Fohlen*

(Probiert selbst aus, wie die Formen für Genitiv, Dativ und Akkusativ lauten.)
Man kann deshalb schon oft an der Form des Adjektivs feststellen, wie es verwendet wird. Achtet darauf, daß die sogenannten starken Endungen *–em* und *–er* meistens nur einmal in einer Nominalgruppe vorkommen:

*Es fiel mit laut**em** Krach zusammen.*
*Es fiel mit ein**em** laut**en** Krach zusammen.*
*Die Pflanzen welkten trotz best**er** Pflege.*
*Die Pflanzen welkten trotz d**er** best**en** Pflege.*

5. Die meisten Adjektive haben **Steigerungsformen.** Man kann eine Person oder Sache mit anderen Personen oder Sachen vergleichen:

Peter ist im Brustschwimmen so schnell wie Klaus.
Inge kann schneller laufen als Klaus.
Aber Klaus ist im Kopfrechnen am schnellsten.
Das Radio ist laut.
Der Betonmischer ist noch viel lauter.
Aber am lautesten sind die Düsenjäger.

Die Steigerungsformen heißen:

Positiv (Grundform):	*schnell*
Komparativ (Vergleichsform):	*schneller*
Superlativ (Höchststufe):	*am schnellsten*

Die steigerbaren Adjektive heißen auch **dimensionale Adjektive.** Man kann eine Dimension (oder Skala) aufstellen und die verschiedenen Dinge darin einordnen, z.B. die Dimension der Schnelligkeit (der Größe, des Alters, …).

Schnelligkeit

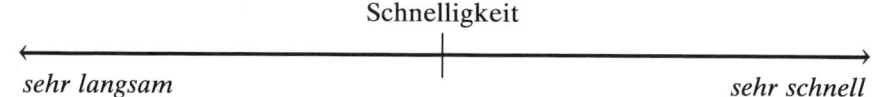

sehr langsam   *sehr schnell*

Einige Adjektive können aber nicht gesteigert werden. Z.B.:

ganz, halb, einzig, lebendig, tot, schriftlich, nackt,
kinderlos, urkomisch, riesengroß.

Wenn ihr ein bißchen über die Bedeutung dieser Wörter nachdenkt (am besten ein paar Sätze zum Ausprobieren bilden), werdet ihr den Grund dafür schnell feststellen.

6. Viele Adjektive bilden **Gegensatzpaare**:

> *lebendig – tot*
> *schriftlich – mündlich*
> *hell – dunkel*
> *ehrlich – unehrlich*
> *schön – häßlich*

Sie lassen sich dadurch auffinden, daß man das Gegenteil zu behaupten versucht:

> *Klaus ist faul. – Nein, er ist …*

oder: *Er ist nicht faul, sondern …*

Man findet solche Gegensätze bei den steigerbaren Adjektiven (*laut – leise*) wie auch bei den nichtsteigerbaren Adjektiven (*wahr – unwahr*).

Manchmal lassen sich zu einem Adjektiv mehrere Gegensätze finden, z.B.:

> *Rohes Obst ist gesund, aber zuviel davon ist ungesund.*
> *Inge ist gesund, aber Klaus ist krank.*
> *Für Paul sind die Hosen zu weit, aber für Paula zu eng.*
> *Paul findet das Ausflugsziel zu weit, aber Paula zu nah.*

Sucht die Gegensätze zu

> *alt, breit, tief, klug, fett, still, glatt, gerade.*

7. Auch **Partizipien** können wie Adjektive verwendet werden:

> *die herumlaufenden Hunde*   (siehe Partizip I, Kapitel 4 A4),
> *das vertrocknete Gras*   (siehe Partizip II, Kapitel 4 A4).

Mit den Partizipien lassen sich auch komplexe Attribute bilden, z.B.:

> *Die vielen im Park herumlaufenden Hunde stören die Jogger.*
> *Das von der Sonne vertrocknete Gras kann leicht brennen.*

(siehe Partizipialattribut Kapitel 10.1)

6.2 Das Adverb

Die meisten Adverbien haben eine selbständige Bedeutung; auch Adjektive können manchmal wie ein Adverb gebraucht werden. Das Adverb bildet stets ein eigenes Satzglied. Es bestimmt entweder das Prädikat näher (dann ist es Teil des Prädikats und steht deshalb „am Verb", also ist eigentliches „Adverb"), oder es bestimmt die ganze Aussage des Satzes näher (dann ist es Satzadverb).

Die eigentlichen Adverbien werden ähnlich wie die adverbialen Bestimmungen (Ergänzungen) eingeteilt. Das Adverb kann mit den gleichen Fragen erfragt werden. Oft kann man statt eines Adverbs auch eine adverbiale Bestimmung mit Präposition verwenden (siehe Kapitel 6.3 und 8.2).

1. Ortsadverbien (Frage *wo?*):
   dort, hier, draußen, innen, oben, links, ...

   Sie wollten <u>draußen</u> schlafen. (Sie wollten <u>im Garten</u> schlafen.)

2. Richtungsadverbien (Fragen *wohin? woher?*):
   hierher, dorthin, hinein, herauf, aufwärts, abwärts, ...

   Sie warf den Ball <u>hinunter</u>. (Sie warf den Ball <u>auf die Straße</u>.)

3. Zeitadverbien (Frage wann?):
   heute, morgen, jetzt, gleich, bald, vorhin, damals, abends, nie, ...

   Anna hat <u>übermorgen</u> Geburtstag. (Sie hat <u>in zwei Tagen</u> Geburtstag.)

4. Adverbien der Dauer und Wiederholung (Fragen *wie oft? seit wann? bis wann?*):
   immer, bisher, jederzeit, meistens, oft, manchmal, mehrmals, ...

   Sandra geht <u>manchmal</u> ins Theater. (Ihr Onkel geht <u>an jedem Freitag</u> in die Sauna.)

5. Adverbien der Art und Weise (Frage *wie?*):
   gern, anders, kopfüber, umsonst, eilends, ... (leise, langsam, ängstlich und andere Adjektive, die wie Adverbien gebraucht werden)

   Inge sprang <u>kopfüber</u> ins Wasser. (Sie sprang <u>mit einem Kopfsprung</u> ins Wasser.)
   Olaf summte <u>leise</u> die Melodie mit. (<u>Mit leiser Stimme</u> summte er die Melodie mit.)

6. Kausaladverbien (Fragen *warum? weshalb?*):
   umstandshalber, seinetwegen, gezwungenermaßen ...

   Sie gab das Geschäft <u>umstandshalber</u> auf. (Sie gab es <u>wegen der Umstände</u> auf.)

7. Satzadverbien (lassen sich nicht erfragen!):
   wohl, leider, sicher, hoffentlich, wahrscheinlich, sogar, vielleicht, ...
   Wenn man diese Adverbien verwendet, kann man ausdrücken, wie man die ganze Aussage meint, oder wie man zu einem Sachverhalt steht.

   <u>Leider</u> wurde der Kirschbaum gefällt. (Ich finde es <u>schade</u>, daß ...)
   <u>Vielleicht</u> bleibt das Wetter so. (Ich halte es für <u>möglich</u>, daß ...)

6.3 Die Präposition

Präpositionen sind Beziehungs-/Verhältniswörter, die mit einer Nominalgruppe verbunden werden. Sie stehen immer vor der Nominalgruppe („Präposition" heißt „Stellung davor").
Die Präposition bildet zusammen mit der Nominalgruppe ein eigenes Satzglied:
– eine **adverbiale Bestimmung**, wenn das Satzglied frei ergänzt werden kann;
– ein **präpositionales Objekt**, wenn das Satzglied als Ergänzung des Verbs verlangt wird.

adverbiale Bestimmung	präpositionales Objekt
Sie blickten hinaus auf die Wiese.	*Sie freuten sich auf die Ferien.*
Sie fuhren zurück über die Brücke.	*Sie sprachen über die Preise.*
Sie öffneten die Kiste mit dem Brecheisen.	*Sie befaßten sich mit der Keramikkultur.*

Nach den adverbialen Bestimmungen kann man genauso wie nach den Adverbien fragen (*wo? wohin? wann?* ...). Bei der Frage nach dem präpositionalen Objekt muß man immer die Präposition selbst verwenden (*worauf? worüber? womit?*). Eine freie Ergänzung läßt sich meistens auch durch *und zwar* anfügen, ein präpositionales Objekt aber nicht (*und zwar*-Probe, siehe Kapitel 8.2).
Man kann sagen:

> *Sie öffneten die Kiste, und zwar mit einem Brecheisen.*

aber nicht:

> *Sie befaßten sich, und zwar mit der Keramikkultur.*

Die Präposition bestimmt immer den Kasus (den Fall) der nachfolgenden Nominalgruppe.

Der **Akkusativ** steht stets hinter:

> *durch, für, gegen, ohne, um*

Der **Dativ** steht stets hinter:

> *aus, bei, entgegen, gegenüber, mit, nach, samt, seit, von, zu*

Der **Genitiv** steht stets hinter:

> *anstelle, aufgrund, außerhalb, inmitten, innerhalb, jenseits, längs, mittels, oberhalb, statt, trotz, unterhalb, während, wegen,* ...

Die Präpositionen lassen sich inhaltlich nach Art der ausgedrückten Beziehung einteilen:
– **räumliche Beziehungen** (Ort und Richtung): *vor, hinter, in,* ...
– **zeitliche Beziehungen:** *seit, während,* ...
– **sonstige Beziehungen:** *für, trotz, wegen,* ...

Einige Präpositionen verlangen den **Akkusativ bei einer Richtungsangabe** und den **Dativ bei einer Ortsangabe**.

Merkspruch: *an, auf, hinter, neben, in,*
über, unter, vor und *zwischen*
stehen mit dem vierten Fall,
wenn man fragen kann *wohin,*
mit dem dritten steh'n sie so,
daß man nur kann fragen *wo.*

Zusammen mit einem Pronomen entsteht aus der Präposition das **Pronominal-adverb**:

dafür, davor, darunter, darum, damit, deswegen, trotzdem, währenddessen, ...

Das Pronominaladverb steht immer anstelle einer adverbialen Bestimmung (siehe Kapitel 12).

7. Der Wortschatz (*)

A. Wortzusammensetzung – Wortableitung

Der Wortschatz läßt sich erweitern, indem man die einfachen Wörter sowie Vor- und Nachsilben als Bausteine für die Wortzusammensetzung und Wortableitung verwendet. Dadurch gewinnt man die Möglichkeit, neue Zusammenhänge durch ein einzelnes komplexeres Wort auszudrücken. Oft kann man die Bedeutung dieser neuen Wörter einfach aus den Bausteinen erschließen. Manche der neuen Wörter haben aber eine eigene Bedeutung erhalten, die dann in einem Wörterbuch nachzuschlagen ist.

Zusammensetzung

Ein neues Wort wird durch Zusammensetzen zweier Wörter gebildet (lat. *compositum* = das Zusammengesetzte).
Zuerst steht das Bestimmungswort, danach das Grundwort. Das Kompositum bezeichnet immer etwas von der Art des Grundwortes (und gehört auch zu derselben Wortart wie das Grundwort); durch das Bestimmungswort wird es näher bestimmt oder eingeschränkt. Der Artikel eines zusammengesetzten Nomens richtet sich immer nach dem Grundwort.

$$\begin{array}{ccccc}
\textit{Ochse} & + & \textit{Frosch} & = & \textit{Ochsenfrosch} \\
| & & | & & | \\
\text{Bestimmungswort} & + & \text{Grundwort} & = & \text{Kompositum}
\end{array}$$

Der Ochsenfrosch gehört zu der Sorte der Frösche. Er ist näher bestimmt als ein Frosch, der vergleichsweise sehr groß ist und sehr laut brüllt – fast wie ein Ochse.

Es gibt auch Mehrfachzusammensetzungen:

  Tisch + (*Feuer* + *Zeug*) = *Tischfeuerzeug*

Ein Tischfeuerzeug ist ein Feuerzeug, das auf dem Tisch stehen soll. Ein Feuerzeug ist ein Zeug (= Ding), das ein Feuer (= eine Flamme) produzieren kann.

  (*Straßen* + *Bahn*) + *Schiene* = *Straßenbahnschiene*

Eine Straßenbahnschiene ist eine Schiene, auf der die Straßenbahn fahren soll. Eine Straßenbahn ist eine Bahn, die durch die Straßen einer Stadt fährt.

Beispiele für Zusammensetzungen:
(Abkürzungen: V = Verb, N = Nomen, A = Adjektiv, P = Präposition)

    N + V: *probefahren, bergsteigen*
    A + V: *schwarzfahren, schönschreiben*
    P + V: *übersetzen, zusammenlegen, aufhören*
    V + N: *Liegewagen, Zeigefinger, Rollbraten*
    N + N: *Kraftwagen, Ringfinger, Schweinebraten*
    A + N: *Hochbau, Langfinger, Sauerbraten*
    V + A: *schreibfest, lauffreudig*
    N + A: *butterweich, arbeitsfähig*
    A + A: *feuchtwarm, hellgrün*

Ableitung

Aus einem Wort wird ein neues Wort durch Anfügen eines Elementes davor (**Präfix**, oft eine Vorsilbe) oder eines Elementes danach (**Suffix**, oft eine Nachsilbe) gebildet. (lat. *praefixum* = vorn angeheftet, *suffixum* = daran gesteckt)
Präfix und Suffix kommen nicht selbständig vor und haben daher auch keine unabhängige Bedeutung. Sie verändern aber die Bedeutung oder die Wortart des Ausgangswortes in einer ganz bestimmten Weise. Beispiele:

    un   +   *sicher*   =   *unsicher*
    Präfix

    trink   +   *bar*   =   *trinkbar*
                Suffix

    klug   +   *heit*   =   *Klugheit*
                Suffix

Die Vorsilbe *un-* macht aus einem Adjektiv ein anderes Adjektiv mit gegensätzlicher Bedeutung. Die Nachsilbe *-bar* macht aus einem Verbstamm V ein Adjektiv mit der Bedeutung „kann ge-V-t/ge-V-en werden" (*ist trinkbar – kann getrunken werden*), und die Nachsilbe *-heit* macht aus einem Adjektiv ein Nomen, das die betreffende Eigenschaft (oder das Verhalten) abstrakt bezeichnet.

Beispiele für Ableitungen: (N – V heißt: aus einem Substantiv wird durch Ableitung ein Verb hergestellt, z.B. *Arzt – verarzten.*)

    V – V: *verschenken, erleben, mißglücken, beschreiben*
    N – V: *füttern, rosten, filmen, schimmeln, kontrollieren*
    A – V: *vergrößern, beruhigen, reinigen, trocknen, schärfen*
    V – N: *Untersuchung, Säugling, Umsteiger, Getue, Hilfe*
    N – N: *Tischler, Cellist, Bücherei, Kameradschaft*
    A – N: *Liebling, Armut, Reichtum, Klugheit, Bekanntschaft*
    V – A: *bedauerlich, lieferbar, wohnhaft*
    N – A: *hölzern, fruchtbar, lästig, sportlich, kindisch*
    A – A: *länglich, unreif, mißmutig, unsportlich, unwahrscheinlich*

B. Wortfamilie – Wortfeld

Große Teile des Wortschatzes lassen sich zu Wortfamilien und zu Wortfeldern zusammenfassen.

Eine **Wortfamilie**

umfaßt eine Anzahl von Wörtern, die durch Ableitungen miteinander verwandt sind. Das gemeinsame Ausgangswort heißt Wurzel. Die Verwandtschaft kann in einem Stammbaum dargestellt werden:

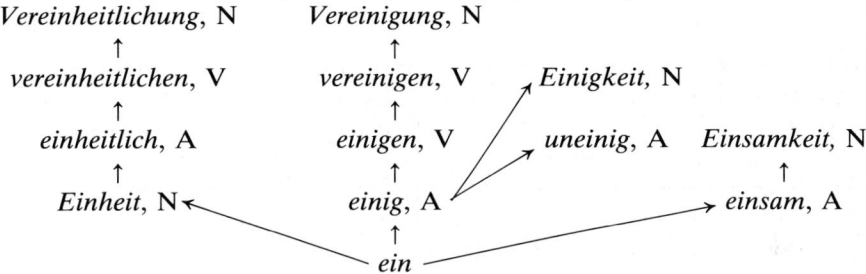

Zu dieser Wortfamilie mit *ein* als Wurzel gehören auch noch:
   einerlei, einzeln, einzigartig, einfach, ...

Die Zugehörigkeit zu einer Wortfamilie kann durch Zerlegung in die Bausteine geprüft werden. Oft hilft die Zuordnung zu einer Wortfamilie, um die richtige Schreibweise eines Wortes zu finden.

Ein **Wortfeld**

umfaßt eine Anzahl von Wörtern derselben Wortart mit ähnlicher Bedeutung, die einen ganzen Inhaltsbereich (Sachbereich) abdecken.

Beispiele:

oberster Teil eines Gegenstandes:
   Kopf, Kamm, Kuppe, Wipfel, Spitze, Gipfel, Höhe, Krone,
   Dach, Decke, Deckel, ...

Werkzeuge zur Zerkleinerung:
   Axt, Beil, Hacke, Pickel, Haue, Sichel, Schere, Messer, Säge, Spaten, ...

Fortbewegung auf dem festen Erdboden:
   gehen, laufen, rennen, wandern, latschen, marschieren, ...

räumliche Dimensionen:
   hoch, tief, breit, lang, kurz, schmal, eng, weit, ...

Verstandeseigenschaften:
   klug, begabt, listig, schlau, genial, weise, gescheit, ...

Wenn man sich die Wörter zusammenstellt, die zu einem gemeinsamen Wortfeld gehören, kann man oft besser die kleinen Bedeutungsunterschiede der Wörter erkennen. Dies hilft besonders, wenn man nach dem richtigen Ausdruck für das Gemeinte sucht.

Die Wörter in einem Wortfeld lassen sich manchmal nach inhaltlichen Merkmalen ordnen, z.B.:

	Ist es ein Möbelstück?	Ist es hauptsächlich zum Sitzen?	Ist es nur für einen Benutzer?	Hat es eine Rückenlehne?	Ist es besonders bequem?
Sessel	ja	ja	ja	ja	ja
Stuhl	ja	ja	ja	ja	nein
Hocker	ja	ja	ja	nein	nein
Sofa	ja	ja	nein	ja	ja
Bank	ja	ja	nein	manchmal	nein
Liege	ja	nein	...	...	...

	Ist die Person weiblich?	Ältere Generation?	Wieviel Generationen auseinander?	Welcher Verwandtschaftsgrad?
Tochter	ja	nein	1	1
Vater	nein	ja	1	1
Schwester	ja	nein	0	2
Enkel	unbestimmt	nein	2	2
Opa	nein	ja	2	2
Tante	ja	ja	1	3
Neffe	nein	nein	1	3
Kusine	ja	nein	0	4

	Wird dafür etwas bezahlt?	Geschieht es rechtmäßig?	Ist es für eine beschränkte Zeitdauer?
kaufen	ja	ja	nein
leihen	nein	ja	ja
erben	nein	ja	nein
stehlen	nein	nein	nein
mieten	ja	ja	ja

C. Fremdwörter – Lehnwörter

Eine große Zahl von Wörtern sind aus Fremdsprachen übernommen worden, besonders aus dem Griechischen (gr.), Latein (lat.), Französischen (fr.), Italienischen (it.), Englischen (engl.) und dem Jiddischen (jidd.).

Fremdwörter

haben oft eine eigene Aussprache und Schreibweise, die denen in der Fremdsprache entspricht. Manchmal gibt es inzwischen auch eine deutsche Schreibweise, z.B.:

Bureau (fr.) – Büro
Photographie (gr.) – Fotografie
Cathedrale (gr.) – Kathedrale
Shawl (engl.) – Schal

Beispiele:

gr.	*Akademie, Bibel, Chemie, System, Sympathie, Skelett*
lat.	*Auktion, Demonstration, human, prost, Text, Tabelle, kapieren*
fr.	*Chaussee, Detail, Munition, Chef, rasieren, Café, Plateau*
it.	*Bravo, Lametta, Lava, Porto, Sakko, Duett*
engl.	*Camping, Quiz, Clown, Detektiv, Teenager, Kicker*
jidd.	*schmusen, Maloche, Fusel, toff, Stuß, Schlamassel*

Lehnwörter

sind deutsche Wörter, die nach dem Vorbild eines Wortes aus einer Fremdsprache gebildet wurden.

Beispiele:

gr.	*Tele-phon = Fern-sprecher*
gr.	*Tele-gramm = Fern-schreiben*
gr.	*Biblio-thek = Bücher-ei*
gr.	*Dia-meter = Durch-messer*
lat.	*Post-scriptum = Nach-schrift*
lat.	*Paen-insula = Halb-insel*
lat.	*Frag-ment = Bruch-stück*
lat.	*Ob-iect = Gegen-stand*
lat.	*Pro-gress = Fort-schritt*
fr.	*Ex-position = Aus-stellung*
fr.	*Journal = Tagebuch*
engl.	*Out-sider = Außen-seiter*
engl.	*Sky-scraper = Wolken-kratzer*

D. Gleiche und verschiedene Wortbedeutungen

Bedeutungsgleichheit

Zwei Wörter können dieselbe Bedeutung haben, also füreinander austauschbar sein. Solche Wörter heißen **Synonyme**.

Oft stammen die Wörter aus verschiedenen Gegenden Deutschlands, oder eines ist ein Fremdwort.

Beispiele:

Sonnabend/Samstag	*Zahnarzt/Dentist*
Fleischer/Schlachter/Metzger	*deshalb/deswegen*
Krankenhaus/Hospital	*bekommen/erhalten*
Fernsprecher/Telefon	*anfangen/beginnen*

Bedeutungsgegensatz

Zwei Wörter können entgegengesetzte Bedeutung haben. (Solche Wörter heißen **Antonyme**.) Dies findet sich besonders oft bei Adjektiven, die die entgegengesetzten Pole einer Dimension bezeichnen.

Beispiele:

hell – dunkel	*wirklich – unwirklich*
groß – klein	*gläubig – ungläubig*
laut – leise	*regulär – irregulär*
falsch – richtig	*achten – mißachten*

Mehrdeutigkeit

Ein Wort kann mehrere Bedeutungen haben, die wenig oder gar nichts miteinander zu tun haben. (Ein solches Wort heißt auch **Homonym**.)

Hahn	– das männliche Tier auf dem Hühnerhof
	– eine Vorrichtung an der Gas- oder Wasserleitung
Ball	– ein runder Spielgegenstand
	– ein Fest
Absatz	– ein Abschnitt im Text
	– ein Teil am Schuhwerk
	– die Menge der verkauften Waren
Strauß	– eine Vogelart
	– ein Bündel Blumen

Vieldeutigkeit

Manchmal sind die verschiedenen Bedeutungen eines Wortes auch eng benachbart; die spezifische Bedeutung hängt vom jeweiligen Kontext (= Textzusammenhang) ab.

hell
- eine Farbe mit viel Weiß
- ein reiner und hoher Klang
- ein starkes Licht
- eine starke Empfindung (helle Freude, helle Begeisterung, helle Verzweiflung)
- eine starke Geistesgabe (fig. ein heller Kopf, heller Verstand)

aufziehen
- eine Fahne nach oben ziehen
- einen Vorhang zur Seite ziehen
- eine Schublade öffnen
- ein Fest veranstalten
- ein Uhrwerk spannen
- (fig.) jemanden necken
- Wolken erscheinen auf dem Himmel

Bedeutungsübertragung

Man spricht von übertragener oder figürlicher Bedeutung (fig.), wenn eine konkrete Sachbedeutung auf ein menschliches Verhalten oder allgemein auf einen abstrakteren Zusammenhang hin ausgedehnt wird.

anschneiden
- einen Gegenstand nicht ganz durchschneiden
- (fig.) über ein neues Thema sprechen

binden
- etwas mit einem Band festmachen
- (fig.) sich zu etwas verpflichten, ein festes Verhältnis eingehen

einpacken
- etwas einwickeln, zu einem Paket machen
- (fig.) keinen Erfolg haben

Salat
- ein kaltes Gericht aus Gemüse, Obst u.a.
- (fig.) Durcheinander, Mißerfolg

Zu den Wortverbindungen mit übertragener Bedeutung gehören die **Metaphern**. Dabei werden Wörter aus zwei konkreten Inhaltsbereichen zusammengebracht.

Augapfel, Ohrmuschel, Dachreiter, Wellenkamm, Tischbein (Komposita)

Du bist eine lahme Ente.
Sie hat eine weiße Weste.
Er ist der Hecht im Karpfenteich.
Das ist für mich ein Buch mit sieben Siegeln.
Das ist ja der letzte Schrei.

E. Redewendungen – Redefiguren

Die Unterscheidung zwischen den verschiedenen Arten von Redewendungen und Redefiguren ist mehr oder weniger fließend. Fast alle haben es mit einer anderen, oft übertragenen Bedeutung zu tun, die neben oder anstatt der wörtlichen Bedeutung zu verstehen ist.

Redewendungen (= idiomatische Wendungen)

sind feste Wortverbindungen, deren Bedeutung nicht rein wörtlich verstanden werden kann. Oft ist es ein konkretes Bild, das auf andere Situationen übertragen werden soll. Man erkennt die Redewendung, wenn man versucht, sie wörtlich zu verstehen, und dies zu einem komischen Ergebnis führt.

a) Verb-Ausdrücke, bei denen man noch Subjekt oder Objekt frei ergänzen kann. Manchmal kann man auch das Tempus oder die Stellung im Satz verändern.

jemanden übers Ohr hauen
das Blaue vom Himmel reden
das Gras wachsen hören
ins Fettnäpfchen treten
etwas durch die Blume sagen
etwas auf die lange Bank schieben
jemandem die Stange halten
jemandem Honig um den Bart schmieren
mit Kanonen auf Spatzen schießen

b) Ganze Sätze, die nur noch selten verändert werden können. Mit ihnen läßt sich eine ganze Situation kommentieren.

Da ist kein Blumentopf zu gewinnen.
Das geht mir über die Hutschnur.
Bei dir ist Hopfen und Malz verloren.
Das pfeifen ja die Spatzen von den Dächern.
Das hat ihm die Suppe verhagelt.

Wortzusammensetzungen (Komposita)

können als Ganzes eine übertragene Bedeutung haben. Z.B.: Eine Krokodilsträne ist nicht die Träne eines Krokodils, sondern eine Träne, mit der man Rührung vortäuscht. Man glaubte früher, daß das Krokodil wie ein Kind weint und damit die Menschen anlockt, um sie zu verschlingen.

Angsthase	*Blaustrumpf*	*Fuchsschwanz*
Steckenpferd	*Maultasche*	*Löwenmaul*
Fersengeld	*Augapfel*	*Bücherwurm*

Sprichwörter

sind ganze Sätze. Sie enthalten ein bestimmtes Wissen der Gesellschaft und darum oft auch eine Moral. Oft ist es ein konkretes Bild, das auf andere Situationen übertragbar ist. Dadurch kann dieser Situation eine bestimmte Deutung gegeben werden. Die Sprichwörter können deshalb mehr oder weniger treffend für die Situation sein.

Wer im Glashaus sitzt, soll nicht mit Steinen werfen.
Der dümmste Bauer erntet die größten Kartoffeln.
Ungeschmiertes Rad quietscht.
Morgenstunde hat Gold im Munde.
Gleich und Gleich gesellt sich gern.
Wer lesen und schreiben kann, hat vier Augen.
Nur einmal geht der Fuchs in die Falle.

Vergleiche

übertreiben oft die Ähnlichkeit mit etwas anderem, das man gut kennt. Sie sollen dadurch eine Eigenschaft um so deutlicher hervorheben.

a) Vergleiche in den zusammengesetzten Adjektiven:
steinhart, federleicht, baumlang, knochentrocken

b) Vergleiche mit *wie*:
Das paßt wie die Faust aufs Auge.
Das brennt wie Feuer.
Er ist flink wie ein Wiesel.
Das ist klar wie Kloßbrühe.
Es stinkt wie die Pest.
Er freut sich wie ein König.

Bei der **Übertreibung** (**Untertreibung**) sagt man mehr (weniger), als man meint.
Das dauert ja eine Ewigkeit (für eine etwas längere Zeitdauer).
Das ist ja geschenkt (zu einer billigen Ware).
Das ist ja das reinste Chaos.
Die Luft ist hier zum Schneiden.
So ein Schneckentempo.
Dich hat man wohl als Kind zu heiß gebadet?!
Sofort, nur eine Sekunde!
Das machen wir ja mit links.
Der ist wirklich nicht dumm.

Ironie liegt vor, wenn man eher das Gegenteil von dem meint, was man sagt.
Das ist ja eine saubere Wirtschaft hier! (gemeint: unsauber, unordentlich)
Du bist mir aber ein schöner Freund.
Das hast du ja mal wieder fein hingekriegt.
Du bist mir vielleicht eine Leuchte.
Hättest du wohl die unendliche Güte, die Tür zuzumachen?

8. Die Satzteile

8.1 Subjekt und Prädikat

Die beiden wichtigsten Satzteile sind das Subjekt und das Prädikat.

Merkmale des Subjekts

1. Das Subjekt ist eine Nominalgruppe oder ein Personalpronomen. Wenn ein Nomen ohne Artikel vorkommt, kann auch ein einzelnes Nomen Subjekt sein. Beispiele:

> *Martin spielt auf der Treppe.*
> *Im Vorgarten liegt Bonbonpapier.*
> *Benzin ist eine brennbare Flüssigkeit.*

2. Das Subjekt steht im Nominativ.

3. Man kann das Subjekt durch die Frage *Wer?* oder *Was?* erfragen.

> *Wer spielt auf der Treppe? – Martin.*
> *Was liegt im Vorgarten? – Bonbonpapier.*

4. In Aussagesätzen steht das Subjekt oft an der ersten Stelle (aber nicht immer, siehe das Beispiel oben). In Entscheidungsfragen steht es meistens an der zweiten Stelle (nach dem finiten Verb).

> *Unser Klassensprecher fiel fast von der Bank.*
> *Gelten die alten Straßenbahnkarten auch noch im neuen Jahr?*

Im Aufforderungssatz (außer in der höflichen Form) gibt es meistens kein Subjekt, weil es klar ist, daß der Angesprochene gemeint ist.

5. Person und Numerus des Subjekts werden auch vom finiten Verb angezeigt. (Siehe Merkmal für die Zusammengehörigkeit, S. 61)

Merkmale des Prädikats

1. Das Prädikat enthält stets ein finites Verb und damit eine Anzeige von Tempus (Zeit), Person und Numerus (Zahl).
Wenn mehrere finite Verben in einem Satz vorkommen, dann enthält der Satz in der Regel mehrere Prädikate.

> *Martin sitzt auf der Treppe und spielt.*

Wenn ein Satz neben einem finiten Verb noch andere Verbformen enthält (Infinitiv oder Partizip), dann handelt es sich um ein einziges komplexes Prädikat.

Martin will auf der Treppe sitzen bleiben.
Er hat dort schon eine halbe Stunde gesessen.

2. Man kann das Prädikat durch verschiedene Arten von Fragen erfragen. Z.B.:

Was tut Martin? – Er sitzt auf der Treppe.
Womit beschäftigt sich Martin? – Er spielt.
Was für ein Stoff ist Benzin? – Benzin ist eine brennbare Flüssigkeit.
Was ist mit unserem Klassensprecher passiert? – Er fiel fast von der Bank.
Was geschieht mit den leeren Flaschen? – Sie werden wieder eingesammelt.

Subjekt und Prädikat gehören zueinander.

Subjekt und Prädikat bilden zusammen einen Satz (Aussage).
Das Subjekt sagt, worüber gesprochen wird: Wer die handelnde Person oder was der Satzgegenstand (Aussagegegenstand) ist.
Das Prädikat sagt, was die handelnde Person tut oder was von dem Satzgegenstand ausgesagt wird.

Das Merkmal für die Zusammengehörigkeit ist:
Person und Numerus des Subjekts sind dieselben wie beim finiten Verb im Prädikat. Dadurch sind beide miteinander verzahnt. Man nennt diese Verzahnung auch **Subjekt-Verb-Kongruenz** (Übereinstimmung).

Das Merkmal der Kongruenz kann benutzt werden, um herauszufinden, was das Subjekt eines Satzes ist.

Es kamen viele Leute zu Besuch.
Etwas später wollten Emil und sein Freund die Treppe wieder runtersteigen.
Die Gänse hatte Emil schon gehört.
Die Gänse hatten Emil schon gehört.

Das Prädikat ist oft eine ganze Wortgruppe: es enthält neben dem finiten Verb auch die Adverbiale (Adverbien, adverbiale Bestimmungen) und die Objekte. Wenn man Adverbiale und Objekte nacheinander abtrennt, erhält man den **Prädikatskern**. Z.B.:

Petra hat gestern einen Elefanten gesehen.

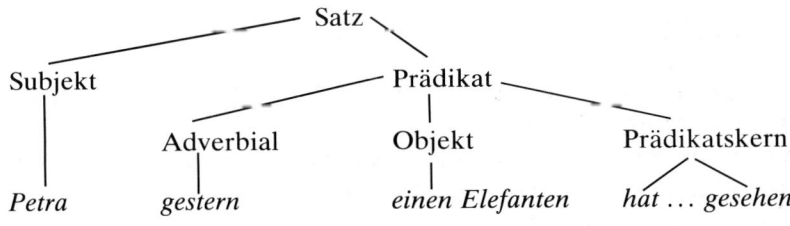

61

8.2 Satzteile – Satzglieder

Eine Aussage kann manchmal einen komplizierten Sachverhalt betreffen. Dann muß der Satz verschiedene Teile haben, die sich auf die verschiedenen Teile des Sachverhalts beziehen.

> **Merkmal: Die Satzteile können erfragt werden.**

Beispielsatz:

> *Gestern abend hat Maria das neue blaue Fahrrad ihres Bruders unachtsam vor der Turnhalle an die Wand gestellt.*

Wer ...? – Maria:
  Subjekt.
Was hat Maria getan? – (Sie) hat das Fahrrad an die Wand gestellt:
  (Teil des) Prädikat(s).
Was hat Maria hingestellt? – Das Fahrrad:
  (Teil des) Akkusativobjekt(s).
Welches Fahrrad (wessen Fahrrad)? – (Das Fahrrad) ihres Bruders:
  Genitivattribut.
Was für ein Fahrrad war es? – (Das) neue blaue:
  Adjektivattribut.
Wohin hat Maria das Fahrrad gestellt? – An die Wand:
  Adverbiale Bestimmung der Richtung (oder Richtungsobjekt).
Wie hat Maria das Fahrrad hingestellt? – Unachtsam:
  Adverbiale Bestimmung der Art und Weise.
Wo passierte das? – Vor der Turnhalle:
  Adverbiale Bestimmung des Ortes (Ortsangabe).
Wann geschah es? – Gestern abend:
  Adverbiale Bestimmung der Zeit (Zeitangabe).

Einige besondere Satzteile nennen wir Satzglieder.

> **Merkmal: Die Satzglieder können im Satz umgestellt werden.** Dabei ergibt sich wieder ein Satz. (**Umstellprobe**)

Der Beispielsatz besteht aus sieben Satzgliedern. Das sieht man an den beiden Umstellungen des Satzes:

> – *Maria / hat / gestern abend / vor der Turnhalle / das neue blaue Fahrrad ihres Bruders / unachtsam / an die Wand / gestellt.*
> – *An die Wand / hat / Maria / gestern abend / vor der Turnhalle / unachtsam / das neue blaue Fahrrad ihres Bruders / gestellt.*

Das finite Verb bleibt in allen Umstellungen an der 2. Stelle (Merkmal für Aussagesatz). Da es sich nicht umstellen läßt, ist das finite Verb selbst kein Satzglied.

Zu den Satzgliedern gehören:
das Subjekt, die Objekte und die Adverbiale (adverbiale Bestimmungen oder Adverbien).

Das Subjekt (siehe Kapitel 8.1).

Die Objekte gehören enger zum Verb; sie können meistens nicht weggelassen werden. Sie sind deshalb notwendige Satzglieder oder Ergänzungen des Verbs.

Akkusativobjekt (Frage *wen?* oder *was?*):
> *Thomas fotografierte den Sonnenuntergang.*
> *Er putzte die Linse sauber.*

Dativobjekt (Frage *wem?*):
> *Karin hilft ihrem Bruder.*
> *Sie gibt ihm Tips.*

Präpositionalobjekt (Frage *an was? von wem? worüber? ...*):
> *Ich erinnerte mich an die Musik.*
> *Das hängt von dir ab.*
> *Wir sprachen über die Ferien.*

Die Adverbiale machen zusätzliche Angaben zu den einzelnen Umständen eines Sachverhalts; man kann sie meistens frei hinzufügen. Beachtet dazu die *und zwar-*Probe:
> *Sie las die Zeitung, und zwar im Bus / am Nachmittag / aus Neugierde / ...*

Adverbiale Bestimmungen (Ergänzungen), die aus einer Präposition mit Nominalgruppe gebildet sind, haben dieselbe Aufgabe wie die Adverbien. Sie können mit den gleichen Fragen erfragt werden.

1. ... des Ortes (Frage *wo?*):
   auf dem Schulhof, in der Stadt (Adverbien: *oben, davor*)

2. ... der Richtung (Fragen *wohin? woher?*):
   zum Schwimmen, aus der Turnhalle (Adverbien: *dorthin, nach vorne*)

3. ... der Zeit (Frage *wann?*):
   am Nachmittag (Adverbien: *gestern, neulich, bald*)

4. ... der Dauer und Wiederholung (Fragen *wie lange? wie oft? seit wann? bis wann?*):
   zwei Stunden lang, zweimal in der Woche, seit Sonntag, bis morgen
   (Adverbien: *manchmal, oft, mehrmals, bisher*)

5. ... der Art und Weise (Frage *wie?*):
   unter großen Schwierigkeiten, mit Hilfe seines Freundes
   (Adverbien: *freiwillig, unbeschwert, gerne*)

6. ... der Ursache / des Grundes (Fragen *warum? weshalb?*):
   wegen des Regens, aus Neugierde / deswegen
7. ... des Mittels / des Instruments (Frage *womit?*):
   mit dem Flugzeug, mit einer Zange

Die Satzglieder können selbst wieder komplex sein und aus Teilen bestehen. Sogar ein ganzer Satz kann Satzglied sein (siehe Kapitel 11: Gliedsätze).

Die Attribute sind Teile einer Nominalgruppe, also selbst keine Satzglieder.
Z.B. sind sie Teil eines Subjekts:
   Der <u>Amerikaner</u> Orville Wright, <u>der jüngere der beiden Brüder</u>, flog im Dezember 1903 zum ersten Male mit einem steuerbaren Motorflugzeug.

oder Teil eines Akkusativobjekts:
   Maria hat das <u>neue blaue</u> Fahrrad <u>ihres Bruders</u> an die Wand gestellt.

oder Teil eines Adverbials:
   mit einem <u>steuerbaren</u> Flugzeug, <u>das von einem Motor angetrieben wurde</u>.

Das Attribut charakterisiert ein Nomen genauer (Frage: *was für ein? welches?*). Es wird entweder dem Nomen vorangestellt oder nachgestellt. Auch der Relativsatz ist ein Attribut, der Relativsatz ist also stets Teil eines Satzgliedes. (Siehe Kapitel 10.1: Attribute)

8.3 Einfacher Satz – komplexer Satz

Der einfache Satz besteht nur aus einfachen Satzgliedern. Der Satz wird um so komplexer, je komplexer die Satzglieder werden. Dazu tragen vor allem die Attribute bei (siehe Kapitel 10.1).

> *Ein Papagei half der Polizei.*
> *Ein* _sprechender_ *Papagei,* _der immer wieder die Namen „Robert" und „Ronnie"_ _wiederholte,_ *half der* _mit einem Einbruch befaßten_ *Polizei* _der englischen_ _Kleinstadt._

Wenn ein Satz aus mehreren Teilsätzen zusammengesetzt wird, ist er immer ein komplexer Satz. Der Verfasser möchte einen komplexen Sachverhalt darstellen. Die Teilsätze können nebengeordnet (Satzverbindung) oder untergeordnet sein (Satzgefüge). Dafür dienen besonders **nebenordnende Konjunktionen** (*und, aber, oder, denn* usw.) bzw. **unterordnende Konjunktionen** (*daß, weil, als, nachdem* usw.). In der Schrift werden die Teilsätze oder satzwertigen Glieder (siehe Kapitel 11) durch Komma abgetrennt.

Hauptsatz heißen Sätze, die die Form des einfachen Satzes haben (Stellung des finiten Verbs: im Aussagesatz an der 2. Stelle).

Nebensatz heißen Sätze, die untergeordnet sind, also selbständig nicht vorkommen (das finite Verb steht am Ende). Zu den Nebensätzen gehören die Relativsätze und die Gliedsätze (siehe Kapitel 11). Sie sind immer untergeordnet: ein Relativsatz gehört zu einer Nominalgruppe, ein Gliedsatz gehört zu einem anderen, dem übergeordneten Satz (z.B. Hauptsatz).

Satzverbindung (Satzreihe). In der Satzverbindung werden gleichberechtigte Sätze aufgezählt oder mit einer nebenordnenden Konjunktion verbunden. In den folgenden Beispielen sind je zwei Hauptsätze miteinander verbunden:

> *Der Papagei redete, und die Polizei fand den Dieb.*
> *Der Papagei nannte die Namen, oder die Polizei war besonders pfiffig.*
> *Der Papagei half der Polizei, aber er bekam keine Prämie.*
> *Die Polizei war erfolgreich, denn der Papagei hatte die Worte der Einbrecher nachgeahmt.*

Man kann aber auch Nebensätze verbinden:

> *Als die Polizisten den Einbruch untersuchten und der Papagei immer die Worte „Robert" und „Ronnie" wiederholte, konnten sie die Täter überführen.*

Satzgefüge. Im Satzgefüge werden in den Hauptsatz untergeordnete Nebensätze (Gliedsätze, Relativsätze) oder satzwertige Infinitive eingefügt. Hauptsatz und alle untergeordneten Teilsätze ergeben zusammen den **Gesamtsatz.**

Gliedsatz:

Weil/nachdem die Polizisten auf die Worte des Papageis geachtet hatten, konnten sie die Diebe überführen.

Relativsatz:

Die Polizei, die nach den Einbrechern fahndete, war erfolgreich.

Satzwertiger Infinitiv:

Der Papagei half der Polizei, die Diebe zu finden.
Um die Einbrecher zu entlarven, mußten die Polizisten auf die Worte eines Papageis hören.

Komplexe Sätze lassen sich auch wieder in einzelne Sätze auflösen. Daran erkennt ihr, daß in dem komplexen Satz wirklich mehrere Sätze enthalten sind. Vergleicht dazu die Satzfolgen I und II.

I   *a) Klaus beeilte sich heute ganz besonders, weil er spät dran war.*
     b) Als er aber zur Schule kam, war sie verschlossen und niemand da.
     c) Klaus hatte vergessen, daß wegen der Zeugniskonferenzen schulfrei war.
     d) Sein Freund, dem er das erzählte, lachte schadenfroh.
     e) Wer so viel vergißt, soll sich ruhig mal ärgern.

II   *a) Klaus war heute spät dran. Deshalb beeilte er sich ganz besonders.*
     b) Er kam zur Schule. Sie war aber verschlossen. Niemand war da.
     c) Wegen der Zeugniskonferenzen war schulfrei. Das hatte Klaus vergessen.
     d) Er erzählte das seinem Freund. Der lachte schadenfroh.
     e) Du vergißt so viel. Du sollst dich ruhig mal ärgern.

Es gibt also immer mehrere Möglichkeiten, etwas zu sagen oder zu schreiben. Sucht euch die Möglichkeit aus, die euch am treffendsten erscheint.

9. Weitere Formen des Verbs (*)

9.1 Aktiv – Passiv

(1) Die Brühe wird durch ein Sieb gegossen, mit Tomatenmark und Worcestersauce verrührt und mit gerösteten Weißbrotwürfeln serviert.
(2) Er gießt die Brühe durch ein Sieb, verrührt sie mit Tomatenmark und Worcestersauce und serviert sie mit gerösteten Weißbrotwürfeln.

Derselbe Vorgang wird aus zwei verschiedenen Perspektiven beschrieben.

1. *Was geschieht mit der Brühe?*
   (1) ist ein Satz im **Passiv**.
   Das Subjekt des Satzes ist der Gegenstand einer Tätigkeit oder Handlung.
   Über denjenigen, der die Handlung ausführt, wird nichts gesagt.

2. *Was tut jemand mit der Brühe?*
   (2) ist ein Satz im **Aktiv**.
   Das Subjekt des Satzes ist eine Person, die die Handlung ausführt.
   Der Gegenstand der Handlung ist das Objekt des Satzes.

Gießen, verrühren, servieren sind **transitive Handlungsverben**. Das sind Verben, die eine Handlung bezeichnen und im Aktivsatz ein Akkusativobjekt verlangen. Für solche Verben gibt es ein Passiv, das mit *werden* gebildet wird. Dabei wird das Akkusativobjekt des Aktivsatzes zum Subjekt des Passivsatzes. (Zu Subjekt und Objekt siehe Kapitel 8.1, 8.2.)

Das Subjekt des Aktivsatzes kann im Passivsatz weggelassen werden. Darauf beruht oft die **Funktion des Passivs**:

1. In Rezepten, Arbeitsanleitungen usw. ist die Erwähnung des Handlungsausführenden nicht erforderlich; es ist immer derjenige, der die Anleitung für seine Tätigkeit benutzt.

2. In Meldungen, Kommentaren usw. wird der Handlungsausführende oft unterschlagen, entweder weil nicht sicher ist, wer es war, oder weil man ihn verschweigen will.
(Eine ähnliche Funktion hat der Aktivsatz mit einem Indefinitpronomen als Subjekt (siehe Kapitel 5.2 C), z.B. *man* in: *Man gießt die Brühe durch ein Sieb.*)

Man kann das Subjekt des Aktivsatzes auch mithilfe der Präposition *von* im Passivsatz erwähnen.

Die Suppe wird <u>vom Kellner</u> serviert.
Diese Entwicklung wird <u>von uns</u> mit Sorge betrachtet.

Nicht nur Handlungen, sondern auch andere (handlungsähnliche) Vorgänge, die mit einem transitiven Verb beschreibbar sind, können im Passiv formuliert werden.

Die Bäume wurden vom Sturm entwurzelt.
Die Rechnungen werden vom Computer erstellt.

Der Gegenstand einer Handlung kann auch eine von der Handlung betroffene Person sein.

Rainer wurde rechtzeitig benachrichtigt.
Andrea wird in den Fußballverein aufgenommen.

	Aktiv	Passiv
Handelnde Person oder vorgangs-bewirkende Kraft/Gegenstand	Subjekt	weglaßbar oder mit der Präposition *von*
Handlung/Vorgang	Verb	*werden* + Partizip II des Verbs
Gegenstand der Handlung/des Vorgangs	Akkusativ-objekt	Subjekt
andere Objekte	unverändert	

Alle übrigen Objekte (Dativobjekt, Präpositionalobjekt) bleiben vom Passiv unberührt:

Sie versprach <u>ihm</u> einen Theaterbesuch.
– *<u>Ihm</u> wurde ein Theaterbesuch versprochen.*
Sie dachten lange <u>über das neue Projekt</u> nach.
– *<u>Über das neue Projekt</u> wurde lange nachgedacht.*

Wie schon im letzten Beispiel kann das Passiv manchmal auch von Handlungsverben gebildet werden, die kein Akkusativobjekt verlangen oder bei sich haben. (Ein Verb ohne Akkusativobjekt heißt **intransitives Verb**.) Dann kann es im Passivsatz auch kein Subjekt geben.

Nun wird gespielt und getanzt.

Die Stelle vor dem finiten Verb wird notfalls durch das bedeutungsleere Wort *es* ausgefüllt.

Es wurde lange über das neue Projekt nachgedacht.
Es wurde fleißig getanzt.
Es darf gelacht werden.

Das bisher erwähnte Passiv mit *werden* heißt **Vorgangspassiv**.
Die Handlung wird als ablaufende Handlung, der Vorgang als ablaufender Vorgang gesehen.
Daneben gibt es das **Zustandspassiv** mit *sein*. Damit wird das Resultat einer Handlung bzw. eines Vorgangs beschrieben.

> *Die Bäume werden vom Sturm entwurzelt.* – *Die Bäume sind entwurzelt.*
> *Die Suppe wird serviert.* – *Die Suppe ist serviert.*
> Handlung/Vorgang   Resultat

Zu dem Passiv mit *werden* läßt sich ein Perfekt bilden. Die Handlung/der Vorgang wird dann als abgeschlossen betrachtet:

> *Andrea ist in den Fußballverein aufgenommen worden.*

Wenn man nun das Wort *werden* wegläßt, erhält man das Zustandspassiv:

> *Andrea ist in den Fußballverein aufgenommen.*

Dies läßt sich schematisch so darstellen:

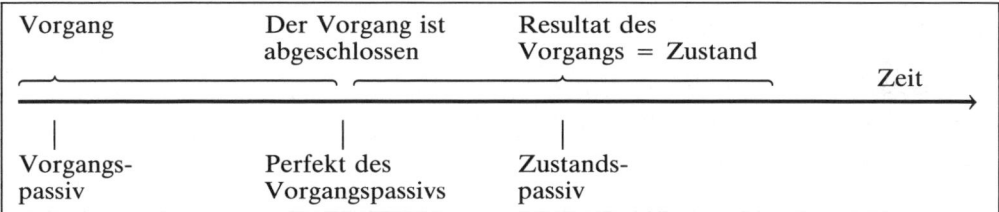

Vorgang	Der Vorgang ist abgeschlossen	Resultat des Vorgangs = Zustand	
			Zeit
Vorgangs-passiv	Perfekt des Vorgangspassivs	Zustands-passiv	

Eine weitere Aktiv-Passiv-Beziehung gibt es beim **modalen Infinitiv** (Infinitiv mit *haben* oder *sein*).

Aktiv: *Jeder Besucher hat*   *einen Meldeschein auszufüllen.*
             Subjekt   Akkusativobjekt
             (= Jeder Besucher soll einen Meldeschein ausfüllen.)

Passiv: *Ein Meldeschein ist auszufüllen* / oder:
            Von jedem Besucher ist   *ein Meldeschein auszufüllen.*
            Präpositionalausdruck   Subjekt
            mit *von*
            (= Von jedem Besucher soll ein Meldeschein ausgefüllt werden.)

Ein Passiv läßt sich auch mit Hilfe der Verben *bekommen* oder *kriegen* bilden.

Aktiv:

Der Großvater schenkte	*dem Jungen*	*einen Schlitten.*
Subjekt	Dativobjekt	Akkusativobjekt

werden-Passiv:

Vom Großvater wurde	*dem Jungen*	*ein Schlitten geschenkt.*
	Dativobjekt	Subjekt

bekommen-Passiv:

Vom Großvater bekam	*der Junge*	*einen Schlitten geschenkt.*
	Subjekt	Akkusativobjekt

Der Präpositionalausdruck *vom Großvater* (das alte Subjekt) ist jedes Mal weglaßbar. Beim *werden*-Passiv wird das Akkusativobjekt zum Subjekt, beim *bekommen*-Passiv wird aber das Dativobjekt zum Subjekt.

Weitere Beispiele:

Matthias kriegt die Haare geschnitten.
Zum Geburtstag bekommt jeder ein Lied gesungen.

9.2 Indikativ – Konjunktiv

Jedes Verb hat vier einfache finite Formen.

Zwei Formen werden zum Indikativ zusammengefaßt:

Aus diesen beiden Formen lassen sich in lautlicher Entsprechung zwei Formen des Konjunktivs ableiten.

Präsens:
Man spricht über etwas Gegenwärtiges oder Allgemeingültiges oder Zukünftiges.
er kommt, er schlägt

Präsens → **Konjunktiv I**
er kommt – er komme
er schlägt – er schlage

Präteritum:
Man spricht über etwas Vergangenes.
er kam, er schlug

Präteritum → **Konjunktiv II**
er kam – er käme
er schlug – er schlüge

Bei den regelmäßigen (schwachen) Verben lautet der Konjunktiv II genau so wie das Präteritum (*er arbeitete – er arbeitete*). Deshalb wird hier eine **Ersatzform** mit *würde* verwendet:
er arbeitete – er würde arbeiten
Aber auch bei vielen unregelmäßigen (starken) Verben wird der Konjunktiv II, weil er veraltet klingt, durch die *würde*-Form ersetzt.

Die Bedeutung des Konjunktivs ist schwieriger abzugrenzen als die des Indikativs. Folgende Verwendungsweisen spielen eine Rolle:

Konjunktiv I und II
bei der indirekten Rede oder der Wiedergabe von Gedanken:
Er meinte, er komme/käme rechtzeitig.
Er fragt uns, wann sie komme/käme.
Er glaubte, er schlage/schlüge sich schon durch.
Er behauptet, sie schlage/schlüge nach ihrem Vater. (würde ... schlagen)

Für den **Konjunktiv in der indirekten Rede** gilt allgemein folgendes:

1. Er wird im schriftlichen Text viel häufiger gebraucht als in der mündlichen Rede. Im Gespräch kann man oft schon durch die Intonation klar machen, daß es sich um eine Redewiedergabe handelt.

2. In einem Text ist der Konjunktiv immer dann erforderlich, wenn die Redewiedergabe auf andere Art (z.B. durch ein Verb des Sagens oder das Einleitungswort *daß*) noch nicht erkennbar ist.

> *Er behauptet, Fritz hat Erna eine Schachtel Pralinen geschenkt.*
> *Anschließend habe er sie selbst gegessen.*

3. Der Konjunktiv I und der Konjunktiv II haben in der indirekten Redewiedergabe grundsätzlich dieselbe Funktion, nämlich anzuzeigen, daß eine Rede wiedergegeben wird. Wenn der Konjunktiv I genauso wie der Indikativ lautet (z.B. *wir kommen*), so wird der Konjunktiv II gewählt (also *wir kämen*). Wenn auch dieser genauso wie der Indikativ lautet (z.B. *wir arbeiteten*), so wird die Ersatzform mit *würde* gewählt (also *wir würden arbeiten*).

Konjunktiv I:

bei Anweisungen –

> *Man möge pünktlich kommen.*
> *Man schlage erst das Ei in die Schüssel.*

bei einigen festen Redewendungen –

> *Gott sei Dank!*
> *Er lebe hoch!*

Konjunktiv II:

bei Wünschen, deren Erfüllung unsicher scheint –

> *Wenn er doch endlich käme!*
> *Schlüge er nur nicht immer daneben!*

in Konditionalsätzen, d.h. bei Bedingungen, deren Erfüllung unsicher scheint („Was wäre, wenn …?") –

> *Wenn Tanja käme, dann käme ich auch.*
> *Wenn sie mir ein Eis anbieten würde, dann äße ich es (würde ich es essen).*

Die zusammengesetzten Formen des Verbs werden mit den Hilfsverben *haben*, *sein* und *werden* gebildet. Dabei werden die Hilfsverben finit gebraucht, das Vollverb im Partizip II oder Infinitiv (beim Futur).

Indikativ		Konjunktiv	
Präsens	Präteritum	Konj. I	Konj. II
er kommt *er schlägt ihn* *er hat …* *er ist …* *er wird …*	*er kam* *er schlug ihn* *er hatte …* *er war …* *er wurde …*	*er komme* *er schlage ihn* *er habe …* *er sei …* *er werde …*	*er käme* *er schlüge ihn* *er hätte …* *er wäre …* *er würde …*

Diese Tabelle läßt sich nun durch die zusammengesetzten Formen erweitern:

	Präsens	Präteritum	Konjunktiv I	Konjunktiv II
Perfekt	*er ist* *gekommen*	*er war* *gekommen*	*er sei* *gekommen*	*er wäre* *gekommen*
Futur	*er wird* *kommen*	–	*er werde* *kommen*	*er würde* *kommen*
Perfekt	*er hat ihn* *geschlagen*	*er hatte ihn* *geschlagen*	*er habe ihn* *geschlagen*	*er hätte ihn* *geschlagen*
Passiv	*er ist* *geschlagen*	*er war* *geschlagen*	*er sei* *geschlagen*	*er wäre* *geschlagen*
	er wird *geschlagen*	*er wurde* *geschlagen*	*er werde* *geschlagen*	*er würde* *geschlagen*
Futur	*er wird ihn* *schlagen*	–	*er werde ihn* *schlagen*	*er würde ihn* *schlagen*

Wenn in der Tabelle ein Strich steht, so gibt es die entsprechende Form nicht. (Zum Passiv-*werden* gibt es also ein Präteritum (= *wurde*), aber nicht zum Futur-*werden*.) Es gibt noch ein Perfekt zum Passiv: *Er ist/sei/war/wäre geschlagen worden.*

In der linken Spalte der Tabelle wurden Benennungen für die zusammengesetzten Formen aufgeführt.

Perfekt:

Man spricht über etwas Vollendetes, bereits Abgeschlossenes.

Man erkennt, daß das Perfekt in der Präsens-Spalte etwas in der Gegenwart (oder Zukunft) Abgeschlossenes bezeichnet. Das Perfekt in der Präteritum-Spalte bezeichnet etwas in der Vergangenheit Abgeschlossenes – deshalb wird dafür auch die Benennung Plusquamperfekt (= mehr als vollendet) verwendet.

Futur:

Man spricht über etwas, das in der Zukunft *(morgen, bald)* oder entsprechend bestimmter Annahmen *(wohl, vermutlich)* eintreten wird.

Passiv: siehe Kapitel 9.1.

Für die zusammengesetzten Formen des Konjunktivs gibt es hauptsächlich diese Verwendungsweisen:

Konjunktiv I und II Perfekt:

bei der indirekten Rede oder der Wiedergabe von Gedanken, wenn diese sich auf etwas Vergangenes beziehen –

Er erzählte, er sei/wäre gestern zurückgekommen.
Er fragte, ob sie sich geschlagen habe/hätte.

Konjunktiv II Perfekt:

bei Ereignissen, die fast geschehen wären, aber in Wirklichkeit nicht geschehen sind –

Fast wäre er noch nach Mailand gekommen.
Beinahe hätte er sich auf den Finger geschlagen.

in Konditionalsätzen, d.h. bei Bedingungen und Folgen, die in Wirklichkeit nicht eingetreten sind („Was wäre geschehen, wenn ...?") –

Wenn Tanja gekommen wäre, hätte es mehr Spaß gegeben.
Wenn sie mir ein Eis geschenkt hätte, dann hätte ich es aufgegessen.

Konjunktiv II Futur:

bei der indirekten Rede oder der Wiedergabe von Gedanken, wenn diese sich auf etwas Zukünftiges beziehen –

Er erzählte, er werde/würde nächstes Jahr nach Spanien fahren.
Er glaubt, der Busch werde/würde bald wieder ausschlagen.

Besonders die Konjunktiv-Formen mit *würde* werden sehr häufig verwendet, oft anstelle der einfachen Konjunktiv-Formen, bei denen nicht genau zu erkennen ist, ob ein Konjunktiv vorliegt, oder weil der Konjunktiv veraltet klingt.

Die *würde*-Formen werden auch in der höflichen Bitte oder Aufforderung gebraucht:

Würden Sie mir bitte die Tür aufhalten?

Neben den zusammengesetzten Formen aus der Tabelle Seite 71 gibt es noch Formen mit zwei Hilfsverben. Dabei wird zu den Perfekt- und Passiv-Formen der vorigen Tabelle ein weiteres Futur mit *werden* gebildet. Z.B.:

> *Morgen um diese Zeit wird er in Oslo angekommen sein.*
> *Er wird ihn wohl auf der Straße gesehen haben.*
> *Er meinte, er werde/würde es bis morgen geschafft haben.*
> *Boris sieht so bedrückt aus: Er wird wohl im Doppel geschlagen worden sein.*

Die Aufgaben des Konjunktivs lassen sich besonders gut am Konditionalsatz erkennen.

Indikativ:	*Wenn sie kommt, dann gehe ich.* (Man erwartet eher, daß sie kommt.)
Konjunktiv II:	*Wenn sie käme, dann ginge ich.* (Man erwartet eher, daß sie nicht kommt.)
Konjunktiv II Perfekt:	*Wenn sie gekommen wäre, dann wäre ich gegangen.* (Man weiß, daß sie nicht gekommen ist.)

Es gibt also verschiedene Übergangsstufen von dem Realen (das, was man weiß oder erwartet) zu dem Irrealen (das, was man sich nur denkt oder vorstellt).

> *Wenn man die Jahresmenge Müll in Güterwaggons lädt, reicht der Zug durch ganz Afrika.*

> *Wenn man die Jahresmenge Müll in Güterwaggons laden würde, dann würde der Zug durch ganz Afrika reichen.*

> *Wenn man die Jahresmenge Müll in Güterwaggons geladen hätte, dann hätte der Zug durch ganz Afrika gereicht.*

10. Attribute und Nominalisierungen (*)

10.1 Attribute

Merkmale des Attributs

1. Ein Attribut ist Teil einer komplexen Nominalgruppe und damit Teil eines Satzglieds.

2. Nur die ganze Nominalgruppe ist ein Satzglied und kann im Satz umgestellt werden, nicht aber ein Attribut für sich alleine. (Siehe Umstellprobe, Kapitel 9.2.)

3. Das Attribut gibt eine nähere Bestimmung/Charakterisierung zu einem Nomen (Bezugsnomen).
(Frage: *Was für ein(e) ... ? Welcher/welche/welches ...?*)

4. Das durch das Attribut bestimmte Nomen ist **Kopf** (Kern) der Nominalgruppe. Es bestimmt Genus (Geschlecht) und Numerus (Zahl) der Nominalgruppe: Nach ihm richten sich der Artikel und die Endung der Adjektivattribute. Diese Übereinstimmung heißt auch: Kongruenz in der Nominalgruppe.

5. Eine mehrteilige Information läßt sich in mehreren einfachen Aussagen wiedergeben oder in einer komplexen Nominalgruppe mit Attributen zusammendrängen. Dadurch kann man verschiedene Teilaussagen in nur einem Satzglied vereinigen.

Mehrere Aussagen:

> *Das Lexikon ist neu.*
> *Das Lexikon gehört meinem Bruder.*
> *Die Großmutter schenkte ihm das Lexikon zum Geburtstag.*
>
> *Dieses Lexikon liegt im Garten.*

Alle Aussagen betreffen ein bestimmtes Lexikon. Mit dem Demonstrativartikel *dieses* bezieht man sich auf den vorhergenannten Gegenstand.

Eine Aussage mit Attributen:

komplexe Nominalgruppe (= Subjekt)	*Das neue Lexikon meines Bruders, das die Großmutter ihm zum Geburtstag schenkte,*
Prädikat	*liegt im Garten.*

Die Struktur der komplexen Nominalgruppe:

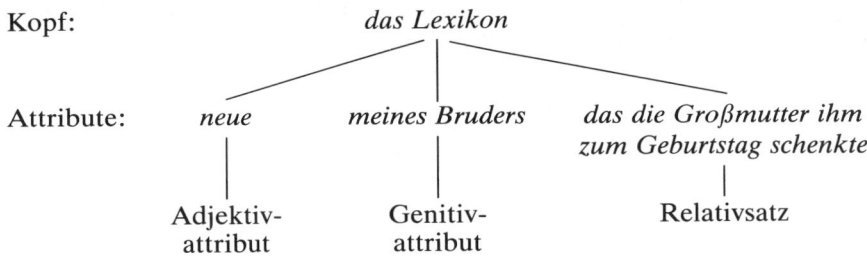

Wie das Beispiel zeigt, läßt sich die Information, die ein Attribut zu einer Aussage beiträgt, grundsätzlich auch in einer eigenen Aussage wiedergeben, bei der der Kopf der Nominalgruppe meistens Subjekt ist. Eine derartige Aussage wird bei der Verwendung als Attribut vorausgesetzt. In den folgenden Beispielen wird diese Aussage immer in Klammern ausformuliert.

Die verschiedenen Arten von Attributen werden besonders nach der Wortart unterschieden. Dabei ist wichtig, ob sie vor oder nach dem Nomen (Kopf der Nominalgruppe) stehen.

1. **Adjektivattribut** (vorangestellt):
   der *freundliche* Verkäufer
      Attribut   Kopf

   (Dem entspricht die Aussage: *Der Verkäufer ist freundlich*)
                    Subjekt   Prädikat

   eine *lange, hohe* Mauer (Die Mauer ist lang und hoch.)

2. **Genitivattribut** (vorangestellt statt eines Artikels, sonst nachgestellt):
   Marias Fahrrad (Das Fahrrad gehört Maria.)
   der Autor *des Romans* (Der Autor hat den Roman geschrieben.)

3. **Präpositionalattribut** (nachgestellt):
   der Bahnhof *von Buxtehude* (Buxtehude hat einen Bahnhof.)
   das Eis *für 50 Pfennig* (Das Eis kostet 50 Pfennig.)
   die Badewanne *aus Plastik* (Die Badewanne ist aus Plastik.)

4. **Adverbattribut** (nachgestellt):
   die Bank *dort hinten* (Die Bank steht dort hinten.)
   die Vorstellung *gestern* (Die Vorstellung fand gestern statt.)

5. **Nomenattribut** (vorangestellt):
   Bäckermeister Kurz (Kurz ist Bäckermeister.)
   die *Eisläuferin* Emilie Hübsch (Emilie Hübsch ist Eisläuferin.)

6. **Apposition** (nachgestellt, mit Komma abgetrennt):
   Ali, ein ehemaliger Boxer (Ali ist ein ehemaliger Boxer.)
   der Bahnhof, ein altes Backsteingebäude (Der Bahnhof ist
   ein altes Backsteingebäude.)

7. **Relativsatz** (nachgestellt, mit Komma abgetrennt):
   der Film,   den wir gestern im Astoria gesehen haben, ...

Bezugswort	Relativ-	finites
(= Kopf der	pronomen	Verb
Nominalgruppe)		

   (Wir haben gestern einen Film im Astoria gesehen.)

   die Stufe, über die ich fast gestolpert wäre, ...
   (Ich wäre fast über die Stufe gestolpert.)

Der Relativsatz ist also immer ein untergeordneter Satz (Nebensatz): Zu Anfang
steht ein Relativpronomen (oder eine Präposition mit Relativpronomen), das finite
Verb steht am Schluß.

8. **Partizipialattribut** (vorangestellt):

   Die aus dem Stadion strömenden Scharen ... füllen/füllten den Platz.

   Partizip I (= Partizip der Gleichzeitigkeit, Präsenspartizip)
   (Die Scharen strömen/strömten aus dem Stadion.)

   Präsens oder Präteritum

   die Tag und Nacht arbeitenden Hüttenwerker
   (Die Hüttenwerker arbeiten Tag und Nacht.)

   Der zuletzt eingefahrene Zug ... fährt/fuhr weiter in Richtung Paris.

   Partizip II (= Partizip der Vorzeitigkeit, Perfektpartizip)
   (Der Zug ist/war zuletzt eingefahren.)

   Perfekt oder Plusquamperfekt Aktiv
   eines intransitiven Verbs

   Die vom Sturm entwurzelten Bäume ... versperren/versperrten die Straße.

   Partizip II
   (Die Bäume sind/wurden vom Sturm entwurzelt.)

   Passiv eines transitiven Verbs

Beim Partizipialattribut wird aus dem Verb des entsprechenden Satzes ein Partizip gebildet, entweder das Partizip I (Partizip der Gleichzeitigkeit, Präsenspartizip) oder das Partizip II (Partizip der Vorzeitigkeit, Perfektpartizip). Bei intransitiven Verben (also Verben, die kein Akkusativobjekt zulassen) entspricht dem Partizip II-Attribut ein Aktivsatz. Bei transitiven Verben (also Verben, die ein Akkusativobjekt verlangen) entspricht aber dem Partizip II-Attribut ein Passivsatz. (Siehe Kapitel 9.1.) – Beachtet, daß sich das Kriterium der Gleichzeitigkeit/Vorzeitigkeit auf das im Hauptsatz beschriebene Ereignis (Sachverhalt) bezieht:

Die Scharen strömen aus dem Stadion und füllen den Platz.

oder:

Die Scharen strömten aus dem Stadion und füllten den Platz.

gleichzeitig

10.2 Nominalisierungen

Merkmale der Nominalisierung

1. Aus einem Verb (oder Adjektiv, Partizip, ...) wird ein Nomen.
Dabei wird entweder eine Form des Wortes (der Infinitiv des Verbs, das attributive Adjektiv oder Partizip, ...) nominalisiert:

umarbeiten	– *das Umarbeiten*
die neueste (Nachricht)	– *das Neueste*
die verunglückten (Bergsteiger)	– *die Verunglückten*

oder an den Stamm des Verbs (Adjektivs) tritt eine besondere Endung:

verständigen	– *die Verständigung*
freundlich	– *die Freundlichkeit*

Bei einigen Verben kann der Stamm auch direkt (oder mit Lautveränderung) zum Nomen werden:

fallen	– *der Fall*
aufsteigen	– *der Aufstieg*

2. Das abgeleitete Nomen kann als **Kopf einer Nominalgruppe** verwendet werden. Die Ergänzungen eines Verbs (Subjekt, Objekt und Adverbiale) werden dann zu Attributen der Nominalisierung.

3. Die Information eines ganzen Satzes läßt sich dadurch in einer komplexen Nominalgruppe zusammendrängen (**Nominalisierung eines ganzen Satzes**). Was man sonst in zwei Sätzen darstellen muß, läßt sich nun in einem einzigen Satz wiedergeben.

Hier sind es zwei Aussagesätze:
Die Touristen verständigten sich mit Gesten.
Das klappte ausgezeichnet.

Mit dem Demonstrativpronomen *das* bezieht man sich auf die gesamte vorhergehende Aussage.

Hier ist es nur noch eine Aussage mit Nominalisierung:

komplexe Nominalgruppe (= Subjekt):	*Die Verständigung der Touristen mit Gesten*
Prädikat:	*klappte ausgezeichnet.*

Die Struktur des Ausgangssatzes:

finites Verb
(= Kopf des Satzes): *verständigten sich*

Ergänzungen: *Die Touristen*   *mit Gesten*
Subjekt   Adverbial

Die Struktur der komplexen Nominalgruppe:

Kopf: *die*   *Verständigung*

Attributausdrücke: *der Touristen*   *mit Gesten*
                      Genitivattribut   Präpositionalattribut
                                         (Instrumental)

Bei der einfachen Attributbildung liegt schon ein Bezugsnomen vor; bei der Nominalisierung muß das Bezugsnomen erst aus einem Verb (Adjektiv, ...) gebildet werden. Vergleicht:

Einfache Attributbildung:
> *Die Popsängerin tritt auf.*

Mögliche Attribute:
> *Die Popsängerin ist beliebt.*
> *Die Popsängerin ist aus Ulm.*
> → *Die* <u>*beliebte*</u> *Popsängerin* <u>*aus Ulm*</u> *tritt auf.*

Nominalisierung:
> *Die Popsängerin tritt auf.*
> *Das erhält starken Beifall.*
> → *Der Auftritt* <u>*der Popsängerin*</u> *erhält starken Beifall.*

Aus dem Subjekt *die Popsängerin* entsteht dabei das Genitivattribut *der Popsängerin.*

Es ist auch beides zusammen möglich: sowohl einfache Attributbildung zum Nomen *Popsängerin* wie Nominalisierung des ganzen Satzes.
> *Der Auftritt der beliebten Popsängerin aus Ulm erhält starken Beifall.*

Schließlich kann es weitere Attribute zum abgeleiteten Nomen *Auftritt* geben.
> *Der Auftritt war lange erwartet.*
> → *Der* <u>*lange erwartete*</u> *Auftritt der beliebten Popsängerin aus Ulm*
>   *erhält starken Beifall.*

Bei der Nominalisierung von **intransitiven Verben** wird das Subjekt stets zum Genitivattribut:
> <u>*Der Verein*</u> *steigt in die Bezirksliga auf.*
> Subjekt

> → *Alle freuen sich über den Aufstieg* <u>*des Vereins*</u> *in die Bezirksliga.*
>   Genitivattribut

Bei **transitiven Verben** gibt es aber mehrere Möglichkeiten:

Die Klasse 9a führte   ein Theaterstück auf.
Subjekt   Akkusativobjekt

Entweder das Subjekt wird zum Genitivattribut:

Zur Aufführung der Klasse 9a kamen auch viele Eltern.
(= die Klasse 9a führte etwas auf)

– oder das Akkusativobjekt wird zum Genitivattribut:

Zur Aufführung des Theaterstücks kamen auch viele Eltern.
(= jemand führte das Theaterstück auf)

– oder das Akkusativobjekt wird zum Genitivattribut, und gleichzeitig wird das Subjekt zum Präpositionalattribut mit *durch*:

Zur Aufführung des Theaterstücks durch die Klasse 9a kamen
auch viele Eltern.

Eine solche Nominalisierung kann auch auf einen Passivsatz bezogen werden:

Das Theaterstück wurde von der Klasse 9a aufgeführt.

Wenn nur ein Genitivattribut vorkommt, ist es manchmal unklar, was gemeint ist.

die Kündigung der Mieter: Kündigen die Mieter, oder
                               wird den Mietern gekündigt?

die Aufnahme des Lehrers: Hat der Lehrer etwas aufgenommen,
                               oder wurde er aufgenommen?

Bei der Adjektiv-Nominalisierung wird das Subjekt zum Genitivattribut. – Betrachtet hier noch einmal den Unterschied von einfachem Attribut und Nominalisierung:

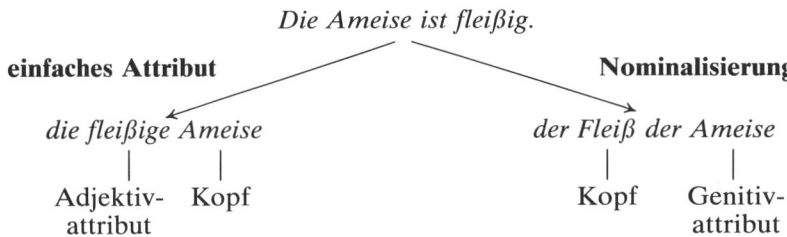

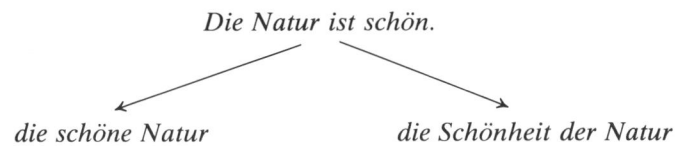

11. Gliedsätze und satzwertige Glieder (*)

Gliedsätze erfüllen die Aufgabe eines Satzglieds und sind deshalb immer Teil eines größeren Satzes. Sie werden von diesem durch Komma abgetrennt.
Gliedsätze haben die Merkmale eines untergeordneten Satzes (Nebensatzes):

1. Verbstellung: Das finite Verb steht stets am Ende.

2. Einleitungswort: Zu Anfang steht ein besonderes Wort, das die Art des Gliedsatzes kennzeichnet. Z.B.

> *daß*
> — **Subjektsatz oder Objektsatz**
>
> Fragewörter: *ob, wer, wann, wo, wie lange, ...*
> — **indirekter Fragesatz**
>
> Konjunktionen: *bevor, weil, damit, wenn, obgleich, ...*
> — **Adverbialsatz**

In diesen Fällen sagt der Name des Gliedsatzes, welches Satzglied er vertritt: Die Gliedsätze werden also genau so wie die Satzglieder eingeteilt. Gliedsätze lassen sich so wie andere Satzglieder im Satz umstellen.

Es gibt noch weitere **Nebensätze**, die aber meistens nicht umstellbar sind.

> Einleitungswörter: *wie, als, daß, je*
> — **Vergleichssatz**: gehört zu einer Vergleichskonstruktion.
>
> Relativpronomen: *der, welcher, auf den, ...*
> — **Relativsatz**: gehört zu einer Nominalgruppe (siehe Attribut, S. 76 ff.).
>
> *was, wo* + Präposition: *wofür, wobei, womit, wozu, ...*
> — **weiterführender Relativsatz**: im Anschluß an einen Satz.

A. Subjekt- und Objektsätze

Was hat er gesagt? Was meinst du? Woran denkst du? Was hast du gesehen?
– Solche Fragen nach dem Inhalt einer Rede, einer Meinung oder einer Wahrnehmung lassen sich mit einem *daß*-Satz beantworten. Er nimmt die Rolle eines Objektes ein.

> *Er hat gesagt, daß …*
> *Ich denke daran, daß …*
> *Ich habe gesehen, daß …*

Die meisten **Verben des Sagens, des Denkens und des Wahrnehmens** können einen *daß*-Satz als Objektsatz bei sich haben.

> *feststellen, behaupten, mitteilen, …*
> *glauben, hoffen, sicher sein, …*
> *hören, fühlen, bemerken, …*

Vergleicht:

> *Sie merkte die Kälte. – Sie merkte, daß es kälter wurde.*
> Objekt   Objektsatz

Bei Verben des Sagens steht im *daß*-Satz immer die **indirekte Rede.** Die indirekte Rede ist allerdings auch ohne *daß* direkt anschließbar.

> *Er sagte, daß er zufrieden ist/sei.*   *Er sagte, er sei zufrieden.*
> | | |
> Konjunktion   finites Verb   finites Verb
> *daß*   im Indikativ   im Konjunktiv
>   oder Konjunktiv
> ⎵⎵⎵⎵⎵⎵⎵⎵⎵⎵⎵⎵⎵⎵   ⎵⎵⎵⎵⎵⎵⎵⎵⎵
>   Objektsatz   Hauptsatz

Der *daß*-Satz kann auch die Rolle eines Subjektes einnehmen. Das ist der Fall, wenn Sachverhalte beurteilt oder bewertet werden:

> *Daß Bettina mitmacht, freut mich am meisten.*
> *Daß du doch noch gekommen bist, ist sehr erfreulich.*
> *Daß …   , ist zu bedauern.*
> *Daß …   , ist bekannt.*

Wenn der *daß*-Satz nach hinten gestellt wird, tritt an seine Stelle das bedeutungsleere Wort *es*.

> *Es ist erfreulich, daß …*
> *Es ist schade, daß …*
> *Es ist selbstverständlich, daß …*

Manchmal läßt sich der *daß*-Satz verkürzen, indem ein Subjekt weggelassen wird. Es entsteht ein **satzwertiger Infinitiv** mit *zu*. Er wird durch Komma abgetrennt, wenn er noch Ergänzungen bei sich hat (= erweiterter Infinitiv mit *zu*).

Die Pfeile zeigen, auf welchen Ausdruck sich das Subjekt des *daß*-Satzes bezieht – dieser Ausdruck ist dann auch das (weggelassene) Subjekt des satzwertigen Infinitivs.

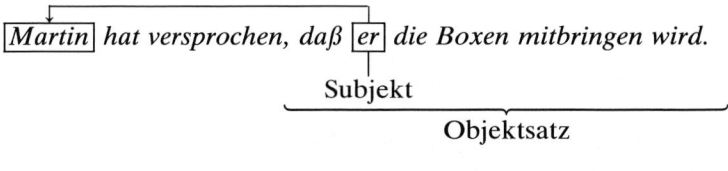

→ |Martin| hat versprochen, *die Boxen mitzubringen.*
satzwertiger Infinitiv

Frage nach dem Objekt: *Was hat Martin versprochen?*
Frage nach dem Subjekt des satzwertigen Infinitivs: *Wer will/soll die Boxen mitbringen?*

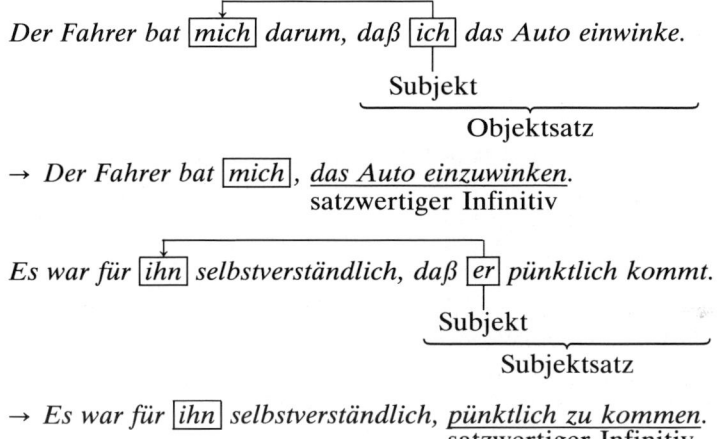

→ *Der Fahrer bat* |mich|, *das Auto einzuwinken.*
satzwertiger Infinitiv

→ *Es war für* |ihn| *selbstverständlich, pünktlich zu kommen.*
satzwertiger Infinitiv

Ohne Komma (weil ein einfacher Infinitiv mit *zu*):
Er bat mich zu kommen.

B. Indirekte Fragesätze

Bei der Wiedergabe von Fragen werden indirekte Fragesätze verwendet.

Bei der Wiedergabe von **Satzfragen** (Entscheidungs- oder Alternativfragen) steht zu Anfang das Wort *ob.*

> *„Eßt ihr gerne Pizza?“*
> → *Er fragte, ob sie gerne Pizza essen/äßen/essen würden.*
> *„Haben wir heute Mittwoch oder Donnerstag?“*
> → *Sie fragte, ob Mittwoch oder Donnerstag sei.*

Bei der Wiedergabe von **Satzgliedfragen** (Ergänzungsfragen, Wortfragen) bleibt das Fragewort erhalten, nur die Verbstellung ändert sich.

> *„Wann kommst du zurück?“*
> → *Sie fragte, wann er zurückkommt.*

Indirekte Fragesätze stehen hinter Verben des Fragens, des Sagens und des Wissens (bzw. Nichtwissens). Sie haben hier die Rolle eines Objektes.

> *Er erkundigte sich, ob …*
> *Er sagte niemandem, warum …*
> *Er wollte wissen, wie …*
> *Er wußte nicht, wie lange …*
> *Er war unsicher, wann …*

Ebenso können sie die Rolle des Subjekts einnehmen:

> *Ob …, ist mir egal.*
> *Wer …, ist unklar.*

Sie lassen sich dann auch nach hinten stellen:

> *Es ist mir egal, ob …*
> *Es ist unklar, wer …*

C. Adverbialsätze

Adverbialsätze stehen anstelle eines Adverbs oder einer adverbialen Bestimmung. Sie lassen sich wie diese mit jeweils typischen Fragen erfragen. Am Anfang steht stets eine Konjunktion, die die Art des Adverbialsatzes deutlich macht.
Beachtet, daß es für die Adverbiale des Ortes, der Richtung und des Mittels (Instruments) keinen zugehörigen Adverbialsatz gibt. Die Adverbiale der Zeit, der Dauer und Wiederholung haben als gemeinsames Gegenstück den Temporalsatz.

1. **Temporalsatz** (lat. *tempus* = Zeit)
Fragen: *wann? seit wann? wie oft? wie lange?*
Konjunktionen: *als, während, nachdem, bevor, seitdem, bis, so oft wie, solange wie*
Mit dem Temporalsatz kann vor allem das zeitliche Verhältnis zweier Ereignisse, Vorgänge oder Handlungen ausgedrückt werden.

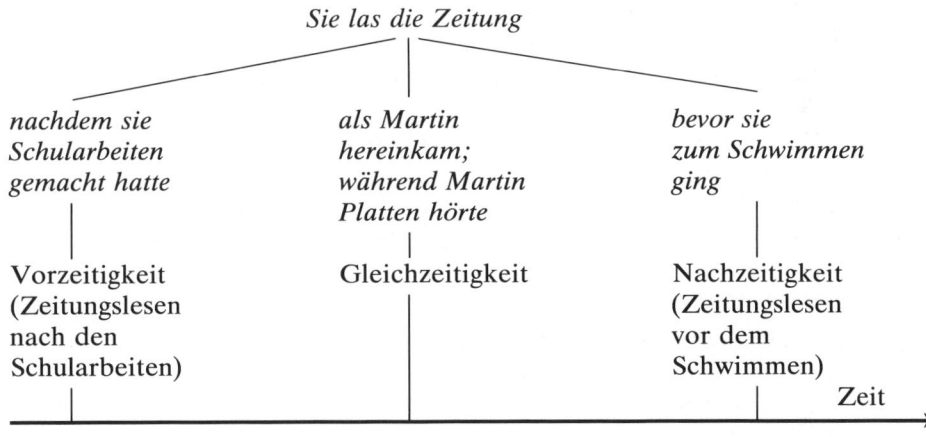

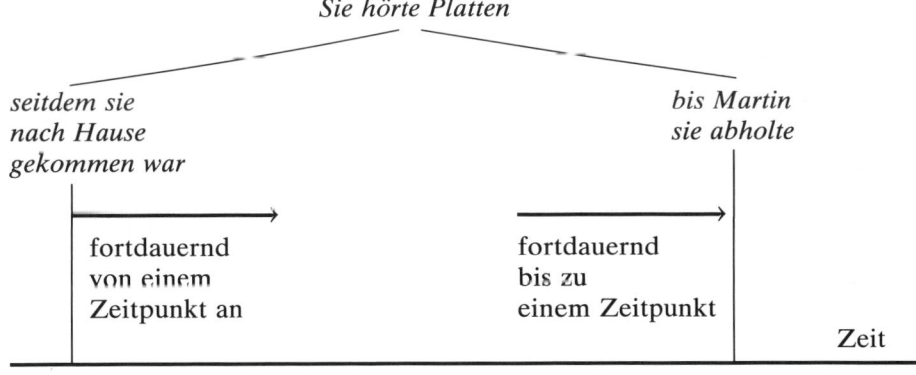

Der Temporalsatz wird manchmal zu einem **satzwertigen Partizip** verkürzt.

Während sie im Kino saß, dachte sie die ganze Zeit an die Mathe-Arbeit.
Konjunktion der Gleichzeitigkeit

→ *Im Kino sitzend, dachte sie die ganze Zeit an die Mathe-Arbeit.*
   Partizip I
   (= Partizip der Gleichzeitigkeit)

Nachdem er in Berlin angekommen war, fuhr er als erstes zum Funkturm.
Konjunktion der Vorzeitigkeit

→ *In Berlin angekommen, fuhr er als erstes zum Funkturm.*
   Partizip II
   (= Partizip der Vorzeitigkeit)

2. **Kausalsatz** (lat. *causa* = Grund, Ursache, Anlaß)
Fragen: *warum? weshalb? wieso? aus welchem Grunde?*
Konjunktion: *weil*

Mit dem Kausalsatz wird eine Ursache oder ein Grund ausgedrückt.

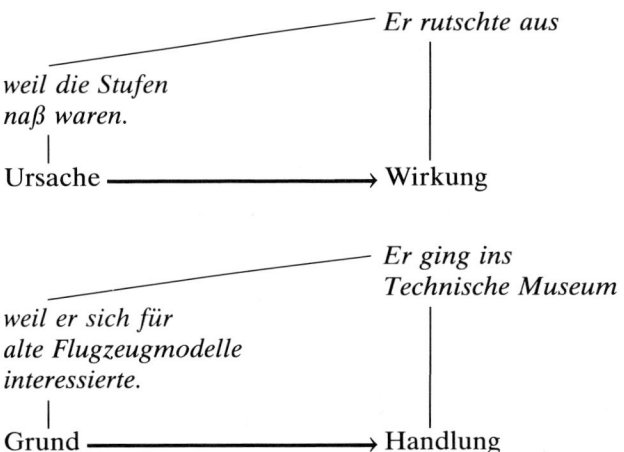

3. **Finalsatz** (lat. *finis* = Ziel, Zweck, Absicht)
Fragen: *wozu? mit welchem Ziel?*
Konjunktion: *damit*

Mit dem Finalsatz wird ein Ziel oder eine Absicht ausgedrückt.

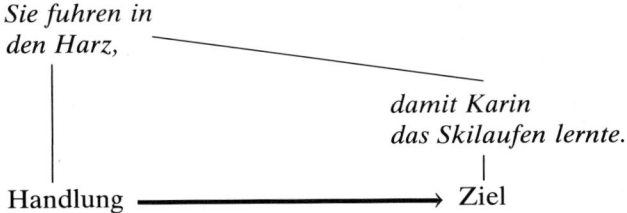

Oft wird statt des Finalsatzes ein satzwertiger Infinitiv mit *um zu* verwendet; er wird stets mit dem Komma abgetrennt.

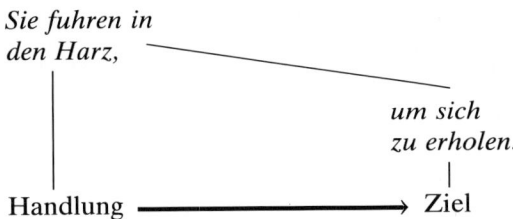

Beachtet, daß im satzwertigen Infinitiv mit *um zu* stets das Subjekt des Hauptsatzes gelten muß.

> *<u>Ich</u> esse tüchtig, um zu wachsen (damit <u>ich</u> wachse).*

Aber nicht:

> *<u>Ich</u> gieße die Blumen, um zu wachsen (damit <u>sie</u> wachsen).*

4. **Konsekutivsatz** (lat. *consecutio* = Folge)
Frage: *mit welcher Wirkung/Folge?*
Konjunktion: *so daß*

Mit dem Konsekutivsatz wird eine Wirkung oder Folge ausgedrückt.

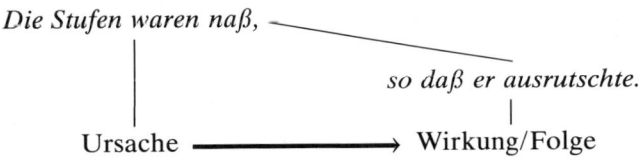

Während im Kausalsatz eine Ursache beschrieben wird, kann im Konsekutivsatz eine Wirkung beschrieben werden. Man kann also stets umformulieren:

> *Er aß eine riesige Menge Salat, so daß er Bauchschmerzen bekam.*
> *Weil er eine riesige Menge Salat aß, bekam er Bauchschmerzen.*

Nur der Schwerpunkt der Aussage liegt auf etwas anderem; er wird jeweils im Hauptsatz formuliert.

5. **Konditionalsatz** (lat. *condicio* = Bedingung)
Frage: *unter welchen Bedingungen?*
Konjunktionen: *wenn, falls, sofern*

Mit dem Konditionalsatz wird eine Bedingung ausgedrückt. Sie gilt allgemein:
> *Wenn die Ampel auf Gelb schaltet, (dann) soll man anhalten.*

Die Konjunktion kann manchmal weggelassen werden, wenn der Gliedsatz vorne steht. In diesem Fall steht das finite Verb am Satzanfang (statt am Satzende im *wenn*-Satz). (= **verkürzter Konditionalsatz**)
> *Schaltet die Ampel auf Gelb, soll man anhalten.*
>
> |
>
> finites Verb

6. **Konzessivsatz** (lat. *concessio* = Zugeständnis, Einräumung)
Frage: *trotz welcher Umstände?*
Konjunktionen: *obwohl, obgleich, obschon*

Mit dem Konzessivsatz werden Umstände ausgedrückt, die normalerweise zu bestimmten Folgen führen würden. Im zugehörigen Hauptsatz wird gesagt, daß die Umstände in diesem Fall aber gar nicht wirksam werden. Es wird also nur eingeräumt, daß sie sonst wirksam sind.
> *Obwohl es fürchterlich stürmte, begannen sie die Wanderung.*
>
>   ↓
>
> normalerweise würde
> man dann im Hause bleiben

Beim Konzessivsatz drückt der zugehörige Hauptsatz genau das Gegenteil vom Kausalsatz aus.

Kausal:	*Weil es fürchterlich stürmte,*	*blieben sie zu Hause.*
Konzessiv:	*Obwohl es fürchterlich stürmte,*	*blieben sie nicht zu Hause.*
	Konjunktion	

Adverbialsatz = Gliedsatz   Hauptsatz

Gesamtsatz

Die Konjunktionen *weil* und *obwohl* können mit den Präpositionen *wegen* und *trotz* und den Pronominaladverbien *deswegen* (*deshalb*) und *trotzdem* verglichen werden.
> *Wegen des Sturms*   *blieben sie zu Hause.*
> *Trotz des Sturms*   *begannen sie die Wanderung.*
>
> |
>
> Präposition

adverbiale Bestimmung

Hauptsatz = Gesamtsatz

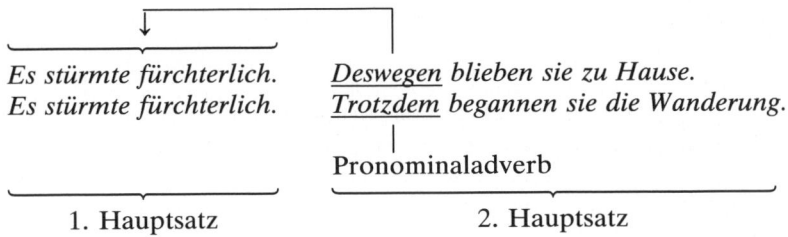

Es stürmte fürchterlich.   Deswegen blieben sie zu Hause.
Es stürmte fürchterlich.   Trotzdem begannen sie die Wanderung.

                                Pronominaladverb

        1. Hauptsatz   2. Hauptsatz

Das **Pronominaladverb** ist zusammengesetzt aus einem Pronomen (hier *des-* bzw. *-dem*) und einer Präposition. Es hat die Rolle eines Adverbs und bezieht sich zurück auf die vorhergehende Aussage.

7. **Modalsatz** (lat *modus* = Art und Weise)
Frage: *wie?*
Konjunktionen: *indem, daß*

Mit dem Modalsatz wird die Art und Weise einer Handlung ausgedrückt.
        Vera lief die Treppen hoch, indem sie jeweils drei Stufen auf einmal nahm.
        Man faltet das Papier so, daß drei gleich große Teile entstehen.

Stellung des Adverbialsatzes
Der Adverbialsatz kann immer hinter dem Hauptsatz stehen, meistens kann er auch vor dem Hauptsatz und manchmal innerhalb des Hauptsatzes stehen.

        Sie wollten schon auf dem Gipfel sein | *, wenn die Sonne aufgeht.*

        | *Wenn die Sonne aufgeht,* | *wollten sie schon auf dem Gipfel sein.*

        Sie wollten | *, wenn die Sonne aufgeht,* | *schon auf dem Gipfel sein.*

D. Vergleichssätze

Beim einfachen Vergleich werden zwei Gegenstände oder Personen hinsichtlich einer Dimension verglichen, oder es wird ein Gegenstand hinsichtlich zwei verschiedener Dimensionen verglichen. Zusammen mit *wie* steht der Positiv (= die Grundform), zusammen mit *als* der Komparativ (= die Vergleichsform) des Adjektivs.

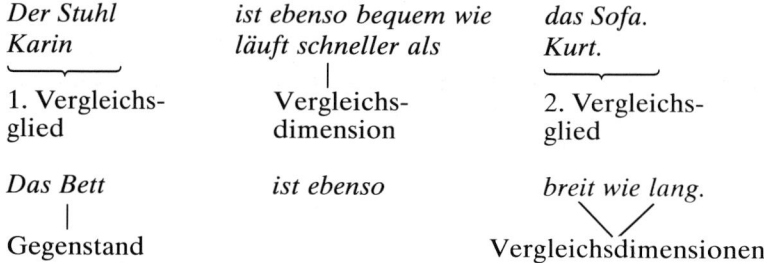

Bei den Vergleichssätzen steht anstelle des 2. Vergleichsglieds bzw. der 2. Vergleichsdimension ein Satz, der mit *wie, als* oder *daß* eingeleitet wird.

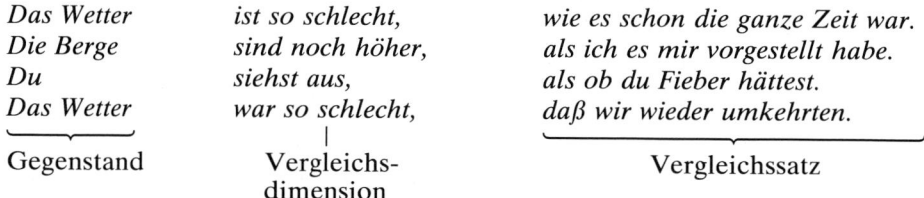

Bei den Sätzen mit *je ... desto* (bzw. *je ... umso*) wird eine Abhängigkeit zwischen zwei Dimensionen ausgedrückt. Es steht stets zweimal der Komparativ.

Je kürzer die Saite,   *desto höher wird der erzeugte Ton.*
Je mehr er aß,   *umso dünner wurde er.*

  1. Vergleichsdimension   2. Vergleichsdimension
    Gliedsatz   Hauptsatz

E. Weiterführende Relativsätze

Die normalen Relativsätze sind Attribute (siehe Kapitel 10.1), also Teil einer Nominalgruppe.

Auf Anhieb schaffte sie die Übung, die ihr Thomas gezeigt hatte.

Relativsatz

Nominalgruppe

Daneben gibt es weiterführende Relativsätze, die einen lockeren Anschluß herstellen. Sie können praktisch überall angeschlossen werden und beziehen sich stets auf die ganze vorhergehende Aussage.

Petra schaffte die Übung auf Anhieb,

> *was niemand erwartet hatte.*
> – – – *, was sie sehr stolz machte.*
> – – – *, wofür sie eine Eins bekam.*
> – – – *, wobei sie auch noch lachte.*
> – – – *, wodurch sie Jochens Ehrgeiz weckte.*

Stattdessen kann man auch mit dem Pronomen *das* oder mit einem Pronominaladverb (*da* + Präposition) fortfahren:

Petra schaffte die Übung auf Anhieb.

> *Das hatte niemand erwartet.*
> – – – *Dafür bekam sie eine Eins.*
> – – – *Dabei lachte sie auch noch.*
> – – – *Dadurch weckte sie Jochens Ehrgeiz.*

12. Satz- und Textverknüpfung (*)

Wörter werden zu Sätzen und Sätze werden zu Texten verknüpft. Die wichtigsten Punkte, die dabei eine Rolle spielen, werden in diesem Kapitel kurz dargestellt.
- Stellung der Satzglieder: Wo steht das finite und wo das infinite Verb? Was kann vor dem finiten Verb (im Vorfeld) stehen? Wie läßt sich dadurch ein Aussagerahmen oder der gewünschte Satzanschluß herstellen?
- Sätze verknüpfen: Welche Konjunktion muß man wählen, um dadurch den gewünschten inhaltlichen Zusammenhang zwischen zwei Teilsätzen herzustellen?
- Im Text verweisen: Wie kann man durch richtige Wahl des Pronomens an das Vorerwähnte anknüpfen, ohne es zu wiederholen?
- Ellipsen: Wann kann man verkürzte (unvollständige) Sätze gebrauchen?

A. Stellung der Satzglieder

Die **Stellung des finiten Verbs** dient zur Unterscheidung der Satzarten:

1. **Spitzenstellung**: Das finite Verb steht am Satzanfang.

   Satzfrage (Entscheidungs- oder Alternativfrage):
   Hilfst du mir beim Anstreichen?
   Brauchst du den Pinsel jetzt oder morgen?

   Aufforderungssatz:
   Bleib noch etwas hier!

   verkürzter Konditionalsatz:
   Betrachtet man die Zeichnung genauer, kann man Fehler erkennen.

2. **Zweitstellung**: Das finite Verb steht an 2. Stelle im Satz. Beachtet, daß das Satzglied an 1. Stelle auch durch mehrere Wörter gebildet werden kann.

   Satzgliedfrage:
   In welcher Farbe wollen wir das Zimmer streichen?

   Selbständiger Aussagesatz (= Hauptsatz):
   Der bekannteste und seiner Intelligenz nach auch menschenähnlichste Menschenaffe ist der Schimpanse.

3. **Endstellung**: das finite Verb steht am Satzende.
   Nebensatz (Gliedsatz oder Relativsatz):
   ..., weil die Straßenbahn Verspätung hatte.
   Die Tapeten, die wir ausgewählt haben, ...

Im Nebensatz bildet das finite Verb zusammen mit den infiniten Verben eine einzige Gruppe am Satzende.

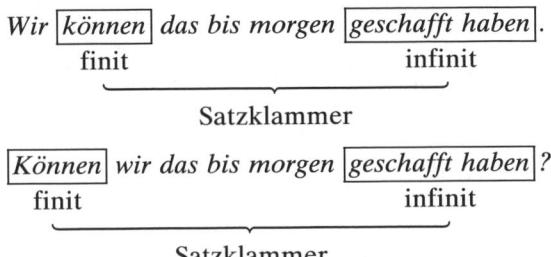

Ich glaube, daß wir das bis morgen geschafft haben können .

infinit   finit

Verbgruppe

Im Hauptsatz oder Fragesatz wird das finite Verb in Zweit- bzw. Spitzenstellung gerückt, die infiniten Verben bleiben am Satzende. Es entsteht eine **Satzklammer** (Verbklammer).

Wir können *das bis morgen* geschafft haben .

finit   infinit

Satzklammer

Können *wir das bis morgen* geschafft haben ?

finit   infinit

Satzklammer

Die Satzklammer entsteht auch bei zusammengesetzten Verben. Man spricht von einem trennbaren Präfix (z.B. einer Präposition).

Ich möchte, daß du den Hörer wieder auf legst .

Legst *du den Hörer wieder* auf ?

Satzklammer

Im Hauptsatz heißt die Position vor dem finiten Verb **Vorfeld**.

Der im Zoo aufgewachsene Schimpanse soll *eine Intelligenzprobe bestehen.*

Vorfeld

Im Vorfeld, also als erstes Satzglied, steht oft das Subjekt – das, worüber der Satz eine Aussage macht. Dies ist häufig auch das Thema eines Gespräches oder Textes.

Mit dem Vorfeld wird oft auch der direkte Anschluß zum Vorgängersatz hergestellt, z.B. der wesentliche Teil der Antwort gegeben.

Wie machte er sich bemerkbar?
– <u>Mit einer Lampe</u> gab er ihnen Zeichen.
Für wen ist diese Kordel bestimmt?
– <u>Meiner Schwester</u> will ich sie schenken.

Sehr oft steht ein Adverbial im Vorfeld, z.B. um den räumlichen oder zeitlichen Rahmen einer Aussage festzulegen.

> *In den Urwäldern auf Sumatra leben noch viele Orang-Utans.*
> *Plötzlich entstand ein großes Gewühl.*

Auf diese Weise lassen sich auch einzelne Aussagen anreihen und gegebenenfalls in Kontrast zueinander setzen.

> *Bis 1870 behandelten die Amerikaner die Indianer wie kleine Nationen mit begrenzter Selbständigkeit, die den Vereinigten Staaten untergeordnet waren.*
> *Regelmäßig legten sie ihnen neue Verträge vor, wenn sie ein anderes Abkommen wünschten.*
> *Schließlich machte der Kongreß dem ein Ende.*

Das Vorfeld kann auch inhaltlich leer bleiben. Dann muß das bedeutungsleere Wort *es* vor das finite Verb gestellt werden.

> *Es war abzusehen, daß es kälter wird.*
> *Es kommen immer mehr Leute herein.*
> *Es darf ruhig mal ein Witz gemacht werden.*

Es gibt auch Verben, die fest mit dem inhaltsleeren Subjekt *es* verbunden sind. Dann kann *es* auch in anderen Positionen stehen.

> *Es gibt hier Erdbeeren – Hier gibt es Erdbeeren.*
> *Es hagelte am Nachmittag – Am Nachmittag hagelte es.*

B. Sätze verknüpfen: Konjunktionen
(lat. *coniunctio* = Verbindung, Verknüpfung)

Die Konjunktionen verbinden Teilsätze zu einem komplexen Satz. Durch die Wahl der Konjunktionen kann man den gemeinten inhaltlichen Zusammenhang der Teilsätze ausdrücken.

Die **nebenordnenden Konjunktionen** verbinden zwei selbständige Hauptsätze miteinander. Vorher steht ein Komma, manchmal auch ein Punkt.

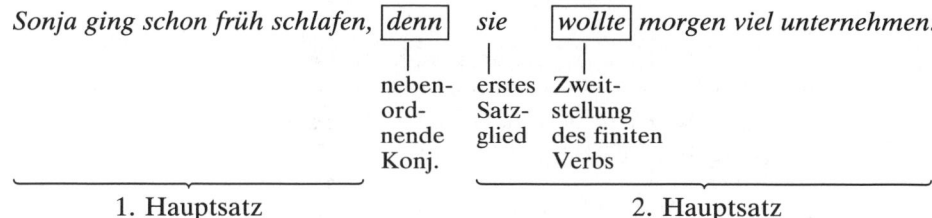

Die **unterordnenden Konjunktionen** stehen zu Beginn eines Gliedsatzes (Nebensatzes) und verbinden diesen mit dem Hauptsatz.

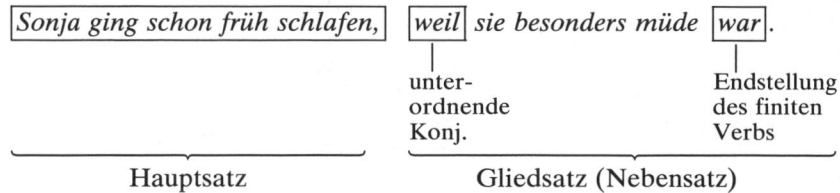

Ähnliche Funktion wie die Konjunktionen haben die **Pronominaladverbien**. Sie bestehen oft aus dem Pronomen *da* (oder *des, dem*), mit dem sie an die vorhergehende Aussage anknüpfen, und einer Präposition. Sie bilden stets ein adverbiales Satzglied, entweder an erster oder an späterer Stelle eines folgenden Hauptsatzes.

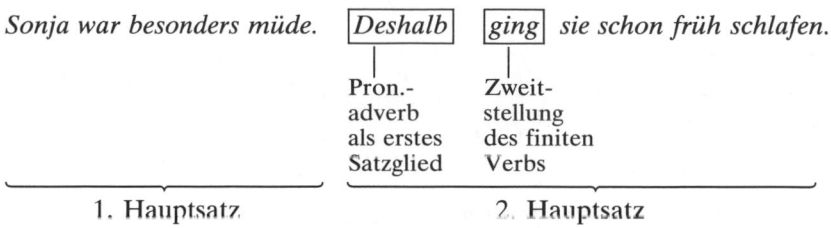

Sonja war besonders müde. Sie ging deshalb *schon früh schlafen.*

Einige nebenordnende Konjunktionen können auch Wörter oder Satzteile der gleichen Art verbinden.

morgen oder übermorgen
Gorillas und Schimpansen
billig, aber bequem

In der folgenden Tabelle werden die verschiedenen Arten von Konjunktionen und Pronominaladverbien aufgeführt. Aus der Art der Konjunktion ergibt sich, welchen inhaltlichen Zusammenhang man mit ihr ausdrücken kann.

Art der Konjunktion	nebenordnende Konjunktionen	unterordnende Konjunktionen	Pronominal-adverbien
koordinierend (anreihend)	*und, sowie, sowohl … als auch*	— —	*außerdem, dann*
disjunktiv (ausschließend)	*oder, entweder … oder*	— —	— —
konzessiv (einschränkend)	*aber, doch*	*obgleich, obwohl, sofern*	*trotzdem, dennoch*
adversativ (entgegensetzend)	*sondern*	*statt … zu* + Inf.	*stattdessen, dagegen*
kausal (begründend)	*denn*	*weil, da*	*deshalb, deswegen, daher*
konsekutiv (folgernd)	— —	*so daß*	*dadurch*
konditional (Bedingung)	— —	*wenn, falls*	— —
final (Zweck)	— —	*damit, auf daß, um … zu* + Inf.	*dafür, dazu*
modal (Art und Weise)	— —	*indem, ohne … zu* + Inf.	*dabei*
temporal (zeitlich)	— —	*als, ehe, bis, während, bevor, nachdem, solange seitdem*	*dann, dabei, danach, vorher, bisher, seitdem, währenddessen, von dann an*

Die Gruppe der konzessiven und adversativen (einschränkend – entgegensetzenden) Wörter und die Gruppe der kausalen und konsekutiven (begründend – folgernden) Wörter gehören jeweils enger zusammen; sie haben ähnliche Funktionen.

Die Einteilung der unterordnenden Konjunktionen ist natürlich dieselbe wie bei den Adverbialsätzen, die durch sie bestimmt werden.

Zu den meisten Pronominaladverbien gibt es die entsprechenden **Präpositionen**, die zusammen mit einer Nominalgruppe (oft einer Nominalisierung) als adverbiale Bestimmungen gebraucht werden.

Beispiele: *trotzdem* — *trotz seiner Erkältung*
deswegen — *wegen einer zu großen Belastung der Brücke*
dafür — *für die Renovierung des Hauses*
danach — *nach der Überprüfung des Motors*
dabei — *bei der Besteigung des Mont Blanc*

C. Im Text verweisen: Pronomen und andere Wörter
(lat. *pro-nomen* = für ein Nomen bzw. eine Nominalgruppe)

Die **Personalpronomen** der 1. Person (*ich, wir*) stehen für den Sprecher, die der 2. Person (*du, ihr*) stehen für die angesprochenen Personen. Man muß sie aus der Kommunikationssituation heraus verstehen: wer spricht? zu wem wird gesprochen? Die Personalpronomen der 3. Person (*er, sie, es*) stehen stets für das Besprochene. Oft ist es vorher im Gespräch oder Text erwähnt worden. Die Pronomen verweisen darauf, ohne das Erwähnte zu wiederholen.

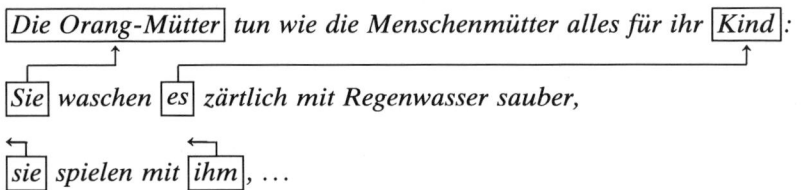

Wir lernen aus dem Kontext: *sie* – das sind die Orang-Mütter, *es* – das ist ihr Kind.

Manchmal steht in einem Satz dasselbe Pronomen für zwei verschiedene Personen oder Sachen.

Als $\boxed{er}^1$ jedoch merkte, daß $\boxed{er}^2$ nichts zu kaufen gedachte, ging $\boxed{er}^3$ in den Laden zurück.

er_1 – er_3 – das ist der Verkäufer,
er_2 – das ist jemand, der sich die Waren besah.

Ebenso wie die Personalpronomen haben die **Possessivpronomen** der 3. Person (*sein, ihr*) einen Bezug zum vorhergehenden Text.

Mit $\boxed{ihren}$ langen Armen hangeln $\boxed{sie}$ sich geschickt durch die Äste.

sie – die Affen,
ihre Arme – die Arme der Affen.

$\boxed{Der\ Schimpanse}$ lebt in Afrika.

$\boxed{Seine}$ längeren, kräftigeren Beine deuten darauf hin,
daß er nicht ausschließlich auf Bäumen lebt.

Das **Pronomen** *es* kann auch für einen ganzen Sachverhalt, z.B. ein Ereignis stehen, das vorher beschrieben wurde.

> *Ich habe mich in den Finger geschnitten.*

> ↑

> *Ich habe* *es* *zuerst gar nicht gemerkt.*

> *es* – daß ich mich in den Finger geschnitten habe.

Ebenso läßt sich das **Demonstrativpronomen** *das* verwenden.

> *Das wunderbare alte Haus ist abgerissen worden.*

> ↑

> *Das* *ist unbegreiflich.*

> *das* – daß man das Haus abgerissen hat.

Man kann den vorher erwähnten Sachverhalt auch einordnen, wenn man anstelle von *das* z.B. *diese Tatsache* oder *dieses Verhalten* sagt.

> *Die Menschen und die heute lebenden Menschenaffen haben die gleichen Ur-ahnen, die vor Jahrmillionen lebten.*

> ↑

> *Diese Tatsache/Das* *ist heute wissenschaftlich einwandfrei erwiesen.*

> *Ein Schimpanse kann einen anderen durch Gebärden auffordern, ihm beim Wegrücken eines Gegenstandes zu helfen, wenn darunter Futter liegt.*

> ↑

> *Diese Verhaltensweise/Das* *setzt eine bewegliche Intelligenz voraus.*

Die **Demonstrativpronomen** (*der, die, das, der da, dieser, jener, dasselbe, solche, ...*) verweisen immer auf etwas anderes, das sich
– entweder in der Gesprächssituation
– oder im vorhergehenden Gespräch/Text befindet.

Verweis in der Gesprächssituation:
Man zeigt auf eine Pflanze und sagt:
> *Das da ist Rhabarber.*

Oder man sagt, wenn gerade eine Frau vorbeigegangen ist:
> *Die hat aber ein tolles Parfüm.*

Oder man besieht sich ein paar Hosen und sagt:
> *Solche Hosen mag ich überhaupt nicht.*

Oder man hat gerade ein Eis gekauft und sagt:
> *Noch einmal dasselbe.*

Verweis im sprachlichen Kontext:

Peter hat mir von | seinem neuen Buch | erzählt.

| Das | kannte ich aber schon.

Gestern habe ich | Vera | gesehen.

| Die | hat vielleicht ein Parfüm!

Martin hat | ganz enge Cord | hosen gekriegt.

| Solche | Hosen möchte ich auch haben.

Anja hat mir erzählt, sie hätte geträumt, | daß ... |

Merkwürdig, ich habe genau | dasselbe | geträumt.

Ganz ähnlich verweisend verhalten sich einige **Adverbien**. Man kann mit ihnen auf etwas in der Gesprächssituation oder auf etwas im sprachlichen Kontext verweisen. Beispiele für den Verweis im sprachlichen Kontext:

| So | habe ich das nicht gemeint.   (Verweis auf die Art und Weise)

| Dort | bin ich schon einmal gewesen.   (Verweis auf einen Ort)

| Da | habe ich gedacht, daß ...   (Verweis auf eine zeitliche Situation)

Da die **Pronominaladverbien** aus einem Pronomen und meistens einer Präposition zusammengesetzt sind, haben auch sie verweisende Funktion. Sie können auf einen Gegenstand oder auf die ganze vorhergehende Aussage verweisen.

| Dahinter | standen einige Polizisten.

| Darauf | lagen verschiedene Skizzenbücher.

| Deshalb | sind wir wieder umgekehrt.

| Davon | habe ich auch schon gehört.

| Darauf | habe ich schon lange gewartet.

Auch der **bestimmte Artikel** hat manchmal verweisende Funktion. Mit dem unbestimmten Artikel läßt sich eine Person oder Sache neu in das Gespräch/den Text einführen; darauf kann man dann mit dem bestimmten Artikel wieder verweisen: man spricht über dieselbe Person oder Sache.

Am Bahnhof erblickten wir <u>einen</u> komisch verkleideten <u>Mann</u>.

<u>Der</u> <u>Mann</u> trug ein Kostüm aus dem 17. Jahrhundert.

Ein solcher Verweisungszusammenhang kann auch indirekt hergestellt werden, z.B. durch das Wort *Theater.*

Gestern waren wir im <u>Theater</u>.

<u>Das</u> <u>Stück</u> spielte im Mittelalter.
<u>Die</u> <u>Vorstellung</u> war ziemlich gut besucht.
<u>Der</u> <u>Hauptdarsteller</u> schien etwas erkältet zu sein.

Wir verstehen: das gestern gespielte Stück, die gestrige Vorstellung, der Hauptdarsteller in dem gestern gespielten Stück.

Für den Gebrauch der verweisenden Wörter (Pronomen, Adverbien und bestimmter Artikel) gibt es eine wichtige Schreibregel:

Man muß immer den Bezug erkennen können:
Worauf im vorhergehenden Text verweisen die Wörter?

In einem literarischen Text wird diese Regel manchmal durchbrochen, um die Spannung zu erhöhen: der Leser soll erst allmählich merken, wovon die Rede ist. Die Erzählung „Popp und Mingel" von Marie Luise Kaschnitz fängt z.B. so an:

Noch immer fragen $\boxed{sie}$ $\boxed{mich}$ *alle, wie* $\boxed{das}$ *gekommen sei,*

neulich, am Tag vor Allerseelen, und warum ich $\boxed{das}$ *getan hätte.*

Vom ersten Satz an wollen wir wissen: Wer sind *sie*, wer ist *ich*, was ist *das* gewesen?

D. Ellipsen

Im Satz- oder Textzusammenhang können manchmal einzelne Satzteile weggelassen werden. Beim Verstehen werden sie problemlos wiedererkannt. Man spricht dabei von Ellipse (lat. *ellipsis* = Auslassung eines Wortes).

Bei der **Antwort** kann man sich begnügen, nur das Gefragte zu sagen. Der Rest kann vom Fragesatz her ergänzt werden.

Wie hast du bloß die Lösung gefunden? – Durch Ausprobieren.
(= Durch Ausprobieren habe ich die Lösung gefunden.)
Wo ist die nächste Haltestelle? – Rechts um die Ecke.
(= Rechts um die Ecke ist die nächste Haltestelle.)

So können sich mehrere Äußerungen aufeinander beziehen.

Wo treffen wir uns? – Vor dem Kapitol.
Und wann? – Um halb acht.
Aber pünktlich!
Bei allen Äußerungen kann *treffen wir uns* hinzugedacht werden.

Was weißt du von Napoleon? – Ich? Von Napoleon? Daß er in Rußland war.
Warum, weiß ich nicht. War eben so.
Hier muß Verschiedenes bei den Äußerungen ergänzt werden:
Was ich von Napoleon *weiß*? *Ich weiß*, daß er in Rußland war. Warum *er in Rußland war*, weiß ich nicht. *Das* war eben so.

Häufig kommen Ellipsen bei den **nebenordnenden Konjunktionen** vor.

Er sah sie aufmerksam an, und sie ihn auch.
(= und sie sah ihn auch aufmerksam an)
Kommst du nun mit oder nicht?
(= oder kommst du nicht mit?)
Er pflanzte Tomaten, aber der Nachbar Sonnenblumen.
(= aber der Nachbar pflanzte Sonnenblumen)
Er zeichnete und aquarellierte nach der Natur.
(= er zeichnete nach der Natur und ...)

Schließlich gibt es Ellipsen in **Überschriften**; darin fehlt besonders oft das finite Verb.

Für die neue Zeit das Alte bewahrt.
Bei Umbau auf Grund der Stadt gestoßen.
Vorbereitung zur Wahl abgeschlossen.
Kaum Probleme mit der Sommerzeit.
Sonnenflecken mit bloßem Auge zu erkennen.
Mehr gefühlvoll als behende.

Wie gehen wir vor, wenn wir Texte/Sätze grammatisch untersuchen?

A. Wir gliedern in Teilsätze:

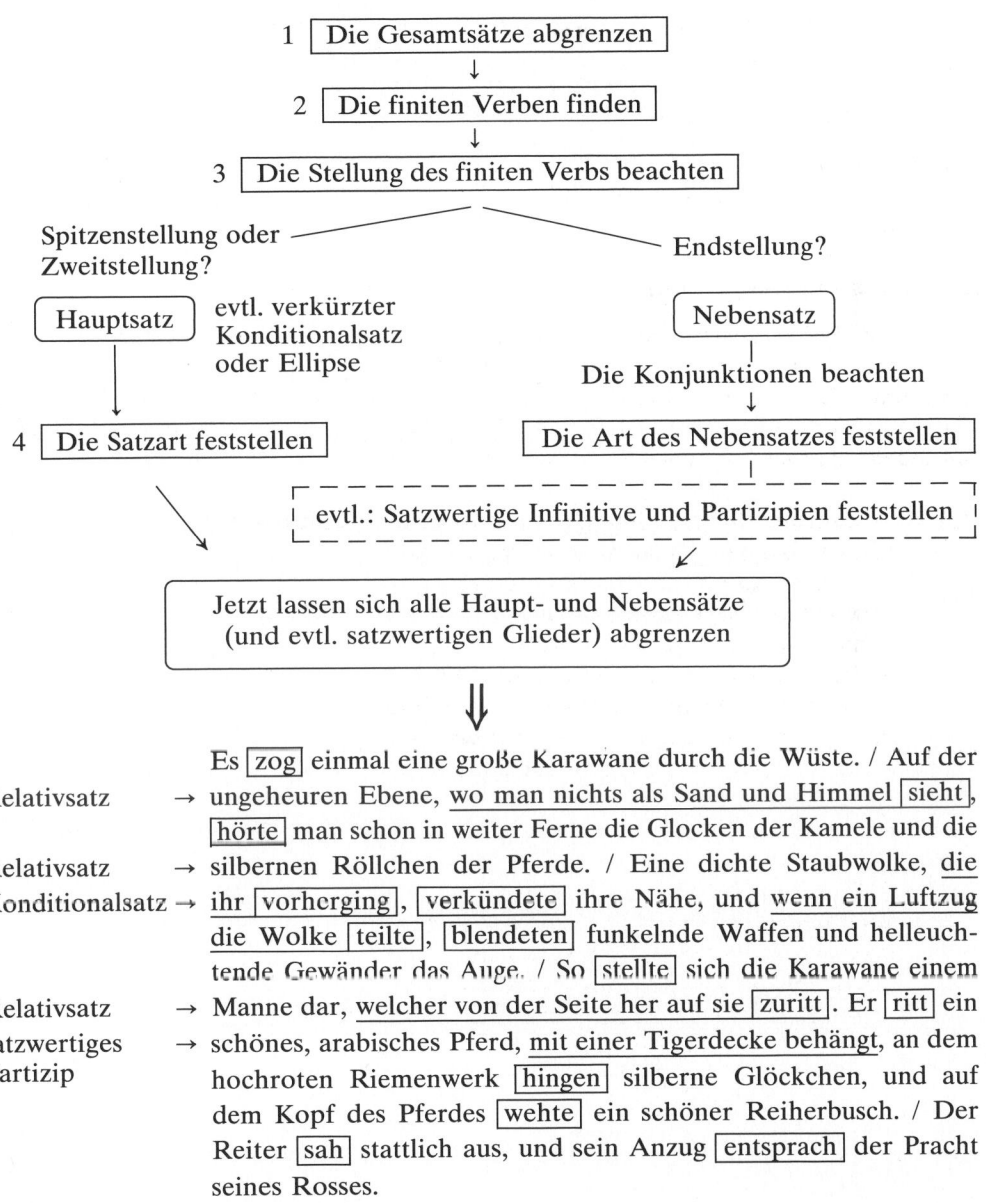

1 | Die Gesamtsätze abgrenzen |
↓
2 | Die finiten Verben finden |
↓
3 | Die Stellung des finiten Verbs beachten |

Spitzenstellung oder Zweitstellung?   Endstellung?

| Hauptsatz | evtl. verkürzter Konditionalsatz oder Ellipse | Nebensatz |

Die Konjunktionen beachten
↓

4 | Die Satzart feststellen | Die Art des Nebensatzes feststellen |

evtl.: Satzwertige Infinitive und Partizipien feststellen

Jetzt lassen sich alle Haupt- und Nebensätze
(und evtl. satzwertigen Glieder) abgrenzen

⇓

Es |zog| einmal eine große Karawane durch die Wüste. / Auf der

Relativsatz → ungeheuren Ebene, wo man nichts als Sand und Himmel |sieht|, |hörte| man schon in weiter Ferne die Glocken der Kamele und die

Relativsatz → silbernen Röllchen der Pferde. / Eine dichte Staubwolke, die

Konditionalsatz → ihr |vorherging|, |verkündete| ihre Nähe, und wenn ein Luftzug die Wolke |teilte|, |blendeten| funkelnde Waffen und helleuchtende Gewänder das Auge. / So |stellte| sich die Karawane einem

Relativsatz → Manne dar, welcher von der Seite her auf sie |zuritt|. Er |ritt| ein

satzwertiges → schönes, arabisches Pferd, mit einer Tigerdecke behängt, an dem

Partizip   hochroten Riemenwerk |hingen| silberne Glöckchen, und auf dem Kopf des Pferdes |wehte| ein schöner Reiherbusch. / Der Reiter |sah| stattlich aus, und sein Anzug |entsprach| der Pracht seines Rosses.

B. Wir untersuchen die einzelnen Sätze:

Mit Hilfe der Frageprobe und der Subjekt-Verb-Kongruenz:

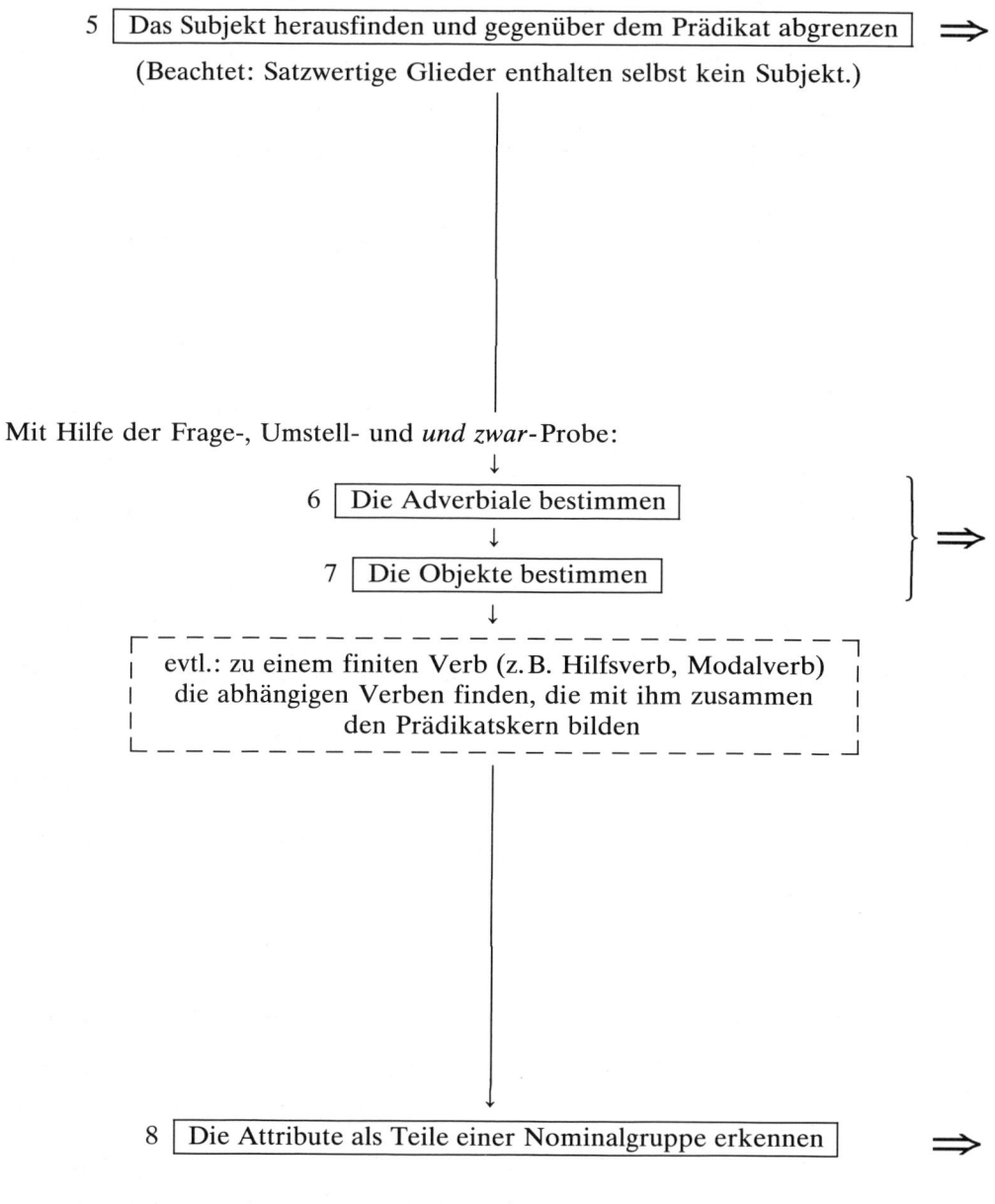

5 | Das Subjekt herausfinden und gegenüber dem Prädikat abgrenzen | ⟹

(Beachtet: Satzwertige Glieder enthalten selbst kein Subjekt.)

Mit Hilfe der Frage-, Umstell- und *und zwar*-Probe:

↓

6 | Die Adverbiale bestimmen |

↓

7 | Die Objekte bestimmen | ⟹

↓

evtl.: zu einem finiten Verb (z.B. Hilfsverb, Modalverb)
die abhängigen Verben finden, die mit ihm zusammen
den Prädikatskern bilden

8 | Die Attribute als Teile einer Nominalgruppe erkennen | ⟹

Es zog einmal <u>eine große Karawane</u> durch die Wüste. Auf der ungeheuren Ebene, wo [man] nichts als Sand und Himmel sieht, hörte <u>man</u> schon in weiter Ferne die Glocken der Kamele und die silbernen Röllchen der Pferde. <u>Eine dichte Staubwolke,</u> [die] ihr vorherging, verkündete ihre Nähe, und wenn [ein Luftzug] die Wolke teilte, blendeten <u>funkelnde Waffen und helleuchtende Gewänder</u> das Auge. So stellte sich <u>die Karawane</u> einem Manne dar, [welcher] von der Seite her auf sie zuritt. <u>Er</u> ritt ein schönes arabisches Pferd, mit einer Tigerdecke behängt, an dem hochroten Riemenwerk hingen <u>silberne Glöckchen,</u> und auf dem Kopf des Pferdes wehte <u>ein schöner</u> <u>Reiherbusch.</u> <u>Der Reiter</u> sah stattlich aus, und <u>sein Anzug</u> entsprach der Pracht seines Rosses.

Es zog <u>einmal</u> eine große Karawane [durch die Wüste]. <u>Auf der ungeheuren Ebene,</u> wo man [nichts als Sand und Himmel] sieht, hörte man <u>schon in weiter Ferne</u> [die Glocken der Kamele und die silbernen Röllchen der Pferde]. Eine dichte Staubwolke, die [ihr] vorherging, verkündete [ihre Nähe], und wenn ein Luftzug [die Wolke] teilte, blendeten funkelnde Waffen und helleuchtende Gewänder [das Auge]. <u>So</u> stellte sich die Karawane [einem Manne] dar, [welcher <u>von der Seite her</u> [auf sie] zuritt]. Er ritt [ein schönes arabisches Pferd, mit einer Tigerdecke behängt], [an dem hoch-roten Riemenwerk] hingen silberne Glöckchen, und <u>auf dem Kopf des Pferdes</u> wehte ein schöner Reiherbusch. Der Reiter sah <u>stattlich</u> aus, und sein Anzug entsprach [der Pracht seines Rosses].

… eine <u>große</u> Karawane … der <u>ungeheuren</u> Ebene, <u>wo man nichts als Sand und</u> <u>Himmel sieht,</u> … <u>weiter</u> Ferne … die Glocken <u>der Kamele</u> und die <u>silbernen</u> Röllchen <u>der Pferde</u> … Eine <u>dichte</u> Staubwolke, <u>die ihr vorherging,</u> … <u>funkelnde</u> Waffen und <u>helleuchtende</u> Gewänder … ein <u>schönes arabisches</u> Pferd, <u>mit einer Tigerdecke</u> <u>behängt,</u> … dem <u>hochroten</u> Riemenwerk … <u>silberne</u> Glöckchen … dem Kopf <u>des</u> <u>Pferdes</u> … ein <u>schöner</u> Reiherbusch.

C. Wir untersuchen die Textverweise:

9 | Teile im Text finden, in denen etwas Neues eingeführt wird |

↓

10 | Herausfinden, wie durch Verweis darauf die Beschreibung ausgebaut wird |

(den bestimmten Artikel, die Personal-, Possessiv- und
Relativpronomen beachten)

⇓

Es zog einmal eine große Karawane durch die Wüste. Auf der ungeheuren

Ebene, wo man nichts als Sand und Himmel sieht, hörte man schon in weiter Ferne

die Glocken der Kamele und die silbernen Röllchen der Pferde. Eine dichte

Staubwolke, die ihr vorherging, verkündete ihre Nähe, und wenn ein Luftzug die

Wolke teilte, blendeten funkelnde Waffen und helleuchtende Gewänder das Auge.

So stellte sich die Karawane einem Manne dar, welcher von der Seite her auf sie

zuritt. Er ritt ein schönes arabisches Pferd, mit einer Tigerdecke behängt, an dem

hochroten Riemenwerk hingen silberne Glöckchen, und auf dem Kopf des Pferdes

wehte ein schöner Reiherbusch. Der Reiter sah stattlich aus, und sein Anzug ent-

sprach der Pracht seines Rosses.

Register

Adjektiv 20 ff, 44 ff

Adjektivattribut 36, 77

Adjektiv-Merkmale 44

Adverb 20 ff, 48

Adverbial 63

Adverbiale Bestimmung 49, 63, 99

Adverbialer Gebrauch des
  Adjektivs 45, 48

Adverbialsatz 87 ff

Akkusativobjekt 63

Aktiv 67

Alternativfrage 7

Antonym s. Bedeutungsgegensatz

Apposition 78

Artikel 20 ff, 39 f

Attribut 64, 76 ff, 81

Attributiver Gebrauch des Adjektivs
  s. Adjektivattribut

Attribut-Merkmale 76

Aufforderungssatz 7 ff

Aussagegegenstand s. Subjekt

Aussagesatz 7 ff

Bedeutungsgegensatz 46, 56

Bedeutungsgleichheit 56

Bedeutungsübertragung 57

Begleiter s. Artikel

bekommen-Passiv 70

Besitzanzeigendes Fürwort
  s. Possessivpronomen

Bestimmter Artikel 39, 103

Bezugswort s. Relativsatz

Bildzeichen s. Piktogramm

Bindewort s. Konjunktion

Dativobjekt 63

Demonstrativpronomen 42, 101 f

Dimensionales Adjektiv 46

Direkte Rede 17

Eigenname 38

Eigenschaftswort s. Adjektiv

Einleitungswort des Nebensatzes 83

Einzahl s. Singular

Ellipse 104

Endstellung des Verbs 94

Entscheidungsfrage 7

Ereignisverb 24

Ergänzungsfrage s. Satzgliedfrage

Erlebte Rede 18

Ersatzform des Konjunktivs 71, 74

Fall s. Kasus

Femininum 34

Figürliche Bedeutung
  s. Bedeutungsübertragung

Finalsatz 89

Finites Verb 26 f

Flexion 21

Flexion der Nominalgruppe 36

Flexion des Verbs 26 ff

Fragesatz 7 ff

Frageton 9

Fragewort 20 ff, 43

Fremdwort 55

Fürwort s. Pronomen

Futur 28, 74

Gegenwart s. Präsens
Genitivattribut 77, 82
Genus 34
Gesamtsatz 66
Geschlecht s. Genus
Geschlechtswort s. Artikel
Gesprächsart 16
Gleichzeitigkeit 30, 78 f, 88
Gliedsatz 66, 83 ff
Großschreibung 23
Grundzahlwort 41

Handlungsverb 24
Hauptsatz 65
Hilfsverben 31
Homonym s. Mehrdeutigkeit

Idiomatische Wendung
   s. Redewendung
Imperativ 30
Indefinitpronomen 43
Indikativ 71
Indirekte Rede 17, 84
Indirekter Fragesatz 86
Infinitiv 26
Innerer Monolog 18
Interrogativpronomen s. Fragewort
Intonation 8 f
Intransitives Verb 68, 81
Ironie 59

Ja/Nein-Frage s. Entscheidungsfrage

Kasus 36
Kausaladverbien 48
Kausalsatz 88, 90
Kommunikative Funktion 16
Kommunikationsbereich 14
Kommunikationsmuster 19

Kommunikationssituation 14
Komparativ 46, 92
Kompositum 51, 58
Konditionalsatz 90
Konjunktion 20 ff, 97 f
Konjunktiv 71 ff
Konjunktiv I 71 ff
Konjunktiv II 71 ff
Konjunktiv II Perfekt 74
Konjunktiv in der indirekten
   Rede 17, 72
Konsekutivsatz 89
Konzessivsatz 90
Kopf der Nominalgruppe 76 f, 80 f
Kopulaverben 33
Körpersprache 12

Lehnwort 55

Maskulinum 34
Mehrdeutigkeit 56
Mehrteilige Menge 35
Mehrzahl s. Plural
Mengenwort 35, 41
Metapher 57
Modaler Infinitiv 69
Modalsatz 91
Modalverben 32

Namenwort s. Nomen
Natürliches Zeichen 11
Nebenordnende Konjunktion 65,
   97 f, 104
Nebensatz 65, 83
Neutrum 34
nicht-zählbar 35, 41
Nomen 20 ff, 34 ff
Nomen-Merkmale 34

Nominalgruppe 36
Nominalisierung 80 ff
Numerus 26, 35 f

Objekt 63
Objektsatz 84
Oder-Frage s. Alternativfrage
Ordnungszahlwort 41
Ortsadverb 48
Ortsangabe 50

Partizip 47
Partizip I 30, 78 f, 88
Partizip II 30, 78 f, 88
Partizipialattribut 78
Passiv 67 ff
Perfekt 28, 74
Perfektpartizip s. Partizip II
Person 26
Personalform des Verbs s. finites Verb
Personalpronomen 37, 42, 100
Persönliches Fürwort
    s. Personalpronomen
Piktogramm 12
Plural 26, 35 f
Plusquamperfekt 28
Possessivpronomen 37, 42, 100
Prädikat 60 f
Prädikativer Gebrauch des
    Adjektivs 33, 44
Prädikativer Gebrauch des
    Nomens 33
Prädikatskern 61
Präfix 52
Präposition 20 ff, 49 f
Präpositionales Objekt =
    Präpositionalobjekt 49, 63

Präsens 27, 71
Präsenspartizip s. Partizip I
Präteritum 27, 71
Pronominaladverb 50, 91, 97 ff, 102

Redefiguren 58 f
Redewendung 58
Redewiedergabe 17
Reflexivpronomen 43
Regelmäßiges Verb 27, 30
Relativpronomen 43
Relativsatz 66, 78, 93
Richtungsadverb 48
Richtungsangabe 50

Satzadverb 48
Satzarten 7 ff
Satzfrage 7, 86
Satzgefüge 66
Satzglied 62 f
Satzgliedfrage 7, 86
Satzklammer 29, 95
Satzteil 62 f
Satzverbindung 65
Satzwertiger Infinitiv 66, 85
Satzwertiges Partizip 88
Satzzeichen 9
Schlußton 8
Singular 26, 35 f
Spitzenstellung des Verbs 8, 94
Sprichwort 59
Steigerung des Adjektivs 46
Stellung des Adverbialsatzes 91
Stellung des finiten Verbs
    s. Verbstellung
Subjekt 60
Subjektsatz 84
Subjekt-Verb-Kongruenz 29, 61

Substantiv s. Nomen
Suffix 52
Superlativ 46
Symbol 12
Synonym s. Bedeutungsgleichheit

Tätigkeitswort s. Verb
Temporalsatz 87 f
Tempus 26 ff
Textsorte 16, 19
Textverweis 100 ff
Transitives Verb 67, 82

Übertreibung 59
Umstandsangabe s. adverbiale
    Bestimmung
Umstandswort s. Adverb
Umstellprobe 62
Unbestimmter Artikel 40
Unbestimmtes Fürwort
    s. Indefinitpronomen
und zwar-Probe 49, 63
Unregelmäßiges Verb 27, 30
Unterordnende Konjunktion 65, 97 f

Verb 20 ff, 24 ff
Verb-Merkmale 25
Verbstellung 8, 29, 94
Vergangenheit s. Präteritum
Vergleich 59
Vergleichsform s. Komparativ
Vergleichssatz 92

Verhältniswort s. Präposition
Verkürzter Konditionalsatz 90
Verweis im sprachlichen Kontext
    s. Textverweis
Verweis in der Gesprächssituation
    101
Vieldeutigkeit 57
Vorfeld 95 f
Vorgangspassiv 69
Vorzeitigkeit 30, 78 f, 88

W-Frage s. Satzgliedfrage
Weiterführender Relativsatz 93
Wem-Fall s. Dativ
Wen-Fall s. Akkusativ
Wer-Fall s. Nominativ
Wessen-Fall s. Genitiv
Wortableitung 52
Wortarten 20 ff
Wortfamilie 53
Wortfeld 53 f
Wortzusammensetzung 51, 58

Zahlwort 35, 41
zählbar 35, 41
Zeichen 11 ff
Zeitadverb 48
Zeiten des Verbs s. Tempus
Zukunft s. Futur
Zusammengesetztes Tempus 28
Zustandspassiv 69
Zustandsverb 24
Zweitstellung des Verbs 8, 94